极简语文

于晶　崔连平 / 著

北方联合出版传媒(集团)股份有限公司

万卷出版公司

图书在版编目 (CIP) 数据

极简语文 / 于晶，崔连平著 . — 沈阳 : 万卷出版
公司 , 2021.10
　　ISBN 978-7-5470-5712-4

　　Ⅰ . ①极… 　Ⅱ . ①于… ②崔… 　Ⅲ . ①中学语文课 –
教学研究 　Ⅳ . ① G633.302

　　中国版本图书馆 CIP 数据核字（2021）第 166909 号

出版发行： 北方联合出版传媒（集团）股份有限公司
　　　　　 万卷出版公司
　　　　　 （地址 : 沈阳市和平区十一纬路 25 号　邮编 : 110003）
印 刷 者： 三河市德贤弘印务有限公司
经 销 者： 全国新华书店
幅面尺寸： 170mm×240mm
字　　数： 165 千字
印　　张： 9.75
出版时间： 2022 年 3 月第 1 版
印刷时间： 2022 年 3 月第 1 次印刷
责任编辑： 张冬梅
责任校对： 佟可竟
装帧设计： 马静静
ISBN 978-7-5470-5712-4
定　　价： 58.00 元
联系电话： 024-23284090
联系电话： 024-23284448

前　言

　　语文教学一直处在教学改革的风口浪尖上，人们对语文性质的争论（工具性与人文性之争）也一直没有停歇。母语承载的东西太多，母语存在于我们的生活中，谁也离不开，它是我们沟通交流的工具，关注的人自然多，当然这也是语文教学的幸事。

　　语文是什么？《义务教育语文课程标准》（2011 版）开篇明确提到："语言文字是人类最重要的交际工具和信息载体，是人类文化的重要组成部分。"这也明确了语文的性质，既有工具性，也有人文性，同时也是文化的重要组成部分。

　　新《语文课程标准》明确提出：要致力培养学生的语言文字运用能力，提升学生的综合素养，为学好其他课程打下基础；为学生形成正确的世界观、人生观、价值观，形成良好个性和健全人格打下基础；为学生的全面发展和终生发展打下基础。这一要求是非常明确的——关注学生作为"整体人"的发展，培养健康健全人。可是在执行过程中，许多老师产生了偏差，以至于课堂教学出现"乱花渐欲迷人眼"的种种乱象。尤其是在各类各级的评优课、展示课、观摩研讨课中，语文课被演绎得五花八门……由于现实生活中考试的压力，语文课也被演变成考试训练课，机械考点训练、肢解文章、答题技巧等，语文课难承其重，不堪重负。

　　迷失的语文课本真面目是怎样的呢？

　　极简语文就是要恢复语文的本真面目。教师简简单单教语文，学生明明白白学语文。删繁就简，减轻教师、学生负担，让语文课充满生机活力。极简语文作为一种语文教学主张，根植在中国传统文化中，有深厚的文化基础。极简语文是对中国传统教育的传承，同时也是对西方简约主义思潮的应答。极简语文的提出，是对新课标背景下语文教学出现的浮华、错位之风的一种拨乱反正，是对语文本真回归的一种呐喊，是对语文之本真的一种探索。极简语文课堂不是将语文课堂简单化，而是指向语文本质属性，遵循语文教学基本规律，在"聚焦文体、精粹文本、整合运用"策略指导下，不断提升语文课堂内在核心品质。

极简语文课堂，形式内容追求达到极简状态，教学效率追求高效。其核心就是聚焦文体、精粹文本、整合运用。极简语文课堂的达成，其关键策略就是聚焦文体，教师首先熟悉文体特征、遵循文体特征、突出文体特征设计课堂教学。在抓住文体特征的基础上，进行精粹文本，提炼文本核心教学价值。教师对教材进行二度开发，进行科学合理的整合，在同一文体单元，课得，抓住文本最能体现文体的核心教学价值，各种文章参差互现，协同发展。对有的单元，如八年级上册的第一单元（新闻体裁单元），教师可以运用任务驱动的课型，使学生学以致用，大大提高学习效率。

极简语文课堂宗旨是：减轻学生负担，追求极简的教学形式，展现最丰富的教学内容。

目　录

第一章 绪 论

第一节 从简约主义到极简语文

一、"简约主义"哲学及影响

简约主义源于 20 世纪初期的西方现代主义。欧洲现代主义建筑大师路德维希·密斯·凡·德·罗的名言"Less is more"被认为是代表简约主义的核心思想。简约主义风格的特色是将设计的元素、色彩、照明、原材料简化到最少的程度,但对色彩、材料的质感要求很高。因此,简约的空间设计通常非常含蓄,往往能达到以少胜多、以简胜繁的效果。

简约主义是什么?一种时尚潮流?一种文化倾向?一种艺术家理想主义的探索?还是一种美学定义?或是一种哲学教育?它可以是以上的全部,也可能什么都不是。它是一种被建筑师、画家、音乐家、作家在过去几年中不断提及的现象,总是应用在时尚及当代艺术的理想主义运动中,成为一种思想方法。简约主义前身是减少主义,那时减少主义风格特点是:按照"减少、减少、再减少"的原则进行艺术创作。在当时,这种风格在设计领域得到了广泛的发展。

但是,简约主义作为一种主流设计风格被搬上世界设计的舞台,实际上是在 20 世纪 80 年代。它兴起于瑞典,虽然在之后的 10 多年,出现了解构主义试图打破这种设计理念,但是,人们渐渐渴望在视觉冲击中寻求宁静和秩序,所以简约风格无论是在形式上还是精神内容上,都迎合了在这个背景下所产生的新的美学价值观。

密斯·凡·德·罗在现代主义者的同事们中最为激进,他虽不像柯布西埃那样多产,却更具革命性作用。从防止对任何空间进行重复解释或产生误解的角度来说,他认为:"少就是任何多余的东西都不要。"

在各种文明或者文化的高峰期,在历史的每一个阶段,人类都试图使自己从多余和烦琐的事物中解脱出来。我们可在建筑、艺术、音乐甚至技术中看到这种现象。从这些烦琐中解脱出来就是一个成熟的过程。在消沉期,社会的艺术表达通常会用相反的方式隐藏起来,屈服于进行装饰的诱惑代替了创造。

通过这种思维发展,我们可以发现东方文化在探索事物的本质、引人深思及鼓励平和方面已经达到了顶峰。比如,中国画中的留白本身就是一个构图元素。

"简约主义"这一名词来源于西方,但并非只存在于西方。其实简约主义的精神在中国传统文化中早已有所体现,而且比西方首次提出"简约主义"的时间还要早得多。比如说,我们国家古代最伟大的哲学家老子早就说"少则得,多则惑"。意思就是要把事物的本质加以总结与提炼,取其精华,弃其糟粕。后来的"less is more"的设计思想与老子提倡的这种少胜于多的思想非常相似。不同的是西方的简约主义只局限于设计,而中国的简约思想则深入文化、艺术,甚至是哲学思想的层面,并深深地影响了后来中华民族的思维方式与生活习惯。

二、中国传统文化中的"简约主义"

在中国,早在春秋时代就在很多思想家的著作中出现了简约思想的端倪。成语"由博返约",出于《孟子·离娄下》中"博学而详说之,将以反说约也"之句,意思说:学习研究由博出发,然后精深,最后升华到简约。道家的老子在《道德经》中,提出了万物的起源,以"道"这个字概括了世界起源与发展。"道生一,一生二,二生三,三生万物","昔之得一者,天得一以清,地得一以宁,神得一以灵,谷得一以盈,万物得一以生","治大国,若烹小鲜"都体现老子大道至简的思想。

儒家代表孔子在《乐记·乐论》中也有"大乐必易,大礼必简"之说,说明简洁就是美。孔子编修《春秋》,不单纯记载史事,也通过遣词用字的方法,表达自己的思想观点,被称为"微言大义"。孔子对《诗经》有很高的评价。对于《诗经》的思想内容,他说:"诗三百,一言以蔽之,思无邪。"

这与简约主义所蕴含的沉静、质朴的意境非常吻合。儒家、道家的这些思想都是我们所熟知的,也成为华夏民族思维观念的奠基。

中西古代文化对简约主义的诠释与表述的方式不尽相同,但我们可以从这些思想中看到它们有一个共同点:批判过分装饰,提倡简约的生活方式。在本文中,因为时间和能力有限,不具体地阐述中国传统简约思想的来源与发展,而仅仅简述其在中国传统文化艺术中的表现。希望能够通过这种视角,找到东方文化与西方设计中的子集,由此可以以东方化的思维更加深刻地来理解西方人提出的"简约主义"的设计思想。

例如,儒家经典之作《易传》中就包含着丰富的简约美学思想。其中的"刚健、笃实、辉光"就反映了一种简约之美。孔子也喜爱这种简朴的美。汉人刘向在《说苑》中记载了孔子所说的一句话:"丹漆不文、白玉不雕、宝珠不饰,何也?质有余者不受饰也。"这句话表现出了孔子对简朴素雅的喜爱。在后来的诗词以及其他文学作品中也屡见不鲜地出现简约质朴恬淡的创作风格。简朴风格诗词的作者中最具代表性的人物是陶渊明。他的"采菊东篱下,悠然见南山"短短两句诗,只提到了一些静态的景色,但是却勾勒出了这位隐逸诗人的生活环境,也让人感受到了他归隐之后与自然和谐共生的恬静与淡然。

中国古代的诗与画一脉相承,在诗、书、画三个方面都有深厚造诣的人数不胜数。中国的水墨画追求简单,以这样的创作手法,刻画出了散淡疏野的自然形象。这种简约的审美思想如同陶渊明的田园诗词一般,被后人给沿袭下来,并且成为古代山水画的主流,后人以此审美为基础创造出一个个新的艺术作品。宋人马远的作品《水图》,用简练的线条将多变的水展现给观者,仅仅几笔便勾勒出了水的气韵。而世界极简主义代表艺术家杉本博司创作的摄影作品《海景》和马远的

《水图》极其相似。同时欣赏两者的作品,恍惚间可以感受到一种超越时间与空间的共鸣。

第二节　大道至简的极简语文

一、传统文学中的至简精神

中国传统文化中蕴含着简约、质朴的崇尚自然的精神。我国传统美学中广泛地采用简约的创作手法,如古代诗词创作、文字表述精简到极致。自古中国文人就重视字斟句酌,追求文字精当传神,因此也流传许多佳话。

"一字千金"的成语故事就是一个例证。"一字千金"出自《史记·吕不韦列传》:"布咸阳市门,悬千金其上,延诸侯游士宾客有能增损一字者予千金。"意思是一个字值一千金,原指改动一个字赏赐千金,后用来称赞诗文精妙,价值极高。

王安石的一首绝句诗写道:"京口瓜洲一水间,钟山只隔数重山。春风又绿江南岸,明月何时照我还?"吴中那个地方的一个读书人家里收藏有这首诗的初稿,最初写的是"又到江南岸",后来圈去了"到",批注说"不好",改为"过";又圈去"过"而改为"入";后来又改为"满"。总共像这样改了许多个字,最后才确定为"绿"。就更别说"吟安一个字,捻断数茎须","二句三年得,一吟双泪流"的郊寒岛瘦的苦吟诗派,还有"语不惊人死不休"的诗圣杜甫,这样的故事很多。

所以,我国传统文学经典都是文字简约而质朴的典范。这就是语文的本来面目,语文本质就是极简的。《义务教育语文课程标准》(2011版)中明确指出"语言文字是人类的最重要的交际工具和信息载体,是人类文化的重要组成部分",语言交际和信息传递必然遵循最经济最简洁的原则,也明确了语文的本质是以极简的方式呈现。

我国古代传统的读书法也是极简的。"书读百遍,其义自见",可知古人读书最重要的方法就是诵读。也有宋濂在《送东阳马生序》中提到的抄录的方法,"余幼时即嗜学。家贫,无致书以观,每假借于藏书之家,手自笔录,计日以还。天大寒,砚冰坚,手指不可屈伸,弗之怠。录毕,走送之,不敢稍逾约。以是人多以书假余,余因得遍观群书。"苏东坡也常用此法。还有孔丘的"学思结合法"、"学而不思则罔,思而不学则殆";子思的"五之法":"博学之,审问之,慎思之,明辨之,笃行之";韩愈的"提要钩玄法":"记事者必提其要,纂言者必钩其玄";朱熹的"三到法":"口到、眼到、心到"。

总而言之,古人读书法无非诵、录、校、思等极简洁的方法。古代的私塾教育也是以诵读为主的极其简单的教学方法。

综上所述,语文教学应该是极简的,因为中国语言的本质就是简洁,崇尚简约含蓄,追求言有尽而意无穷的至高理想境界,因此提出"极简语文"这个概念,旨在正本清源,恢复语文的本来面目。

二、极简语文的时代背景

在这个快节奏的社会里,人们都行色匆匆,一切事情都是效率至上。在这样的社会环境下生活,人们被忙碌压得喘不过气来。忙碌的生活,让人的内心失去了宁静和平,生活失去了色彩,失去了味道。在这样的时代背景下,语文教育也被严重扭曲。语文教学经历了各种教学改革,真是"乱花渐欲迷人眼"。可是现在看来,吕叔湘老先生指出的语文教学"少、费、差、慢"的问题,依然没有解决。现在的语文课堂存在许多的问题。

(一)学科本位主义,重知识轻育人

党的十九大报告指出,"建设教育强国是中华民族伟大复兴的基础工程","要贯彻党的教育方针,落实立德树人根本任务",明确了新时代建设教育强国的新使命、新要求与新部署。部编教材凸显了这一目标。可是许多老师对语文教育根本认识不到位,只关注语文成绩,注重三维目标中"知识与能力、过程与方法"的目标,轻视"情感、态度与价值观"的目标落实。犯了学科本位主义的错误,没能贯彻好党的教育方针。

（二）以机械训练为主,满堂灌、满堂练

打着高效的旗帜,进行"填鸭式"教育。为了提高考试成绩,进行大量甚至过度的机械训练。甚至考什么练什么,怎么考怎么练,各种模拟考试充斥课堂,更有甚者,初中一年级就开始所谓考试答题模式的训练,僵化学生思维。满堂灌、满堂练的现象出现也就不奇怪了。

（三）课堂成了试验场,你方唱罢我登场

学校热衷课堂教学改革。不经过研究论证,不考虑是否适合自己的学校。一个改革接着一个改革,轮番上场,大有"你方唱罢我登场"的架势。老师被改革搞得晕头转向,没经过真正的培训,没有真正理解课堂改革实质,邯郸学步,亦步亦趋。结果改革也是东施效颦,草草收场。不考虑学生能否接受,是否适应。

（四）讲台变成了舞台

在公开课、展示课、各类评比课上,执教老师的表演天赋发挥得淋淋尽致。优秀的语文老师的确有着听说读写方面扎实的基本功,也有多才多艺的老师,运用恰当是如虎添翼、锦上添花的事情,语文课会演绎得更加深入人心甚至动人心魄。现在课堂老师的才艺变了味道,变成了个人表演的明星秀。学生变成了观众,语文课堂成了一场热闹的演出。

（五）多媒体过度运用

多媒体手段在课堂过度使用,PPT、音乐、视频令人眼花缭乱。多媒体在语文课堂上是一种辅助手段,而现在却在有些课堂中喧宾夺主,一节课下来多者近百张图片,让学生目不暇接,没有思考时间,更不要说体验了。

以上种种乱象,首先是教师的教学理念问题。教师没有以学生为本,为学生服务。课堂还是以教为主,还是教师一言堂,缺乏民主思想,没有把学生主体地位落到实处。其次,教师把课堂安排过满。再次是教师素质问题,不能准确把握教材,抓住核心问题,往往是面面俱

到，眉毛胡子一把抓，不分主次，学生听课则是云里雾里，不知所云。这样的课教师上得辛苦，学生听得也是疲惫不堪。我们观摩许多著名特级教师的课会有一种共同的感觉，简洁，生动，而且深刻。好课都是相似的。著名的特级教师都有一种删繁就简、领异标新的能力。

面对这种情况，我不禁想语文教学应该是怎样的？语文本来是简洁的，为什么不能简简单单教语文，简简单单学语文，恢复语文的本来面目？所以就提出"极简语文"这个概念，尝试为语文瘦身，让语文教学重回本真状态。

第二章　极简语文概说

第一节　传统而经典的极简语文

一、孔子的极简语文

传统而经典的极简语文曾经是那样简洁而美好。

《论语》中《子路、曾皙、冉有、公西华侍坐》这一篇可以看作孔子的一次极简语文的经典教学案例。一天,孔子和子路、曾皙、冉有、公西华四个弟子一起谈论理想。我们可以看作这是孔子的一次公开课,这次教学极其经典,孔子的语言达到至简。

孔子的导入语极其平实简洁,"子曰:'以吾一日长乎尔,毋吾以也。'居则曰:'不吾知也。'如或知尔,则何以哉?"这是一个非常简洁的开场白,拉近了师生之间的距离,也点明了本次的教学目标,而且非常具体。

教学是在谈论中进行的。子路、曾皙、冉有、公西华等分别表达了各自的志向。孔子只是在其中穿插引导,稍作点拨。"求!尔何如?""赤!尔何如?""点!尔何如?"这是孔子的点名而已。让每个人尽情发表意见。

在这次教学中孔子是怎样进行点评的呢?"夫子哂之。""子曰:'何伤乎?亦各言其志也。'""夫子喟然叹曰:'吾与点也!'"评价语言极其简洁,但又是恰如其分的。

这就是孔子教学的经典片段,言简而意丰。这是语文的至高境界。

二、极简语文的现实意义

然而,我们现在的语文又是什么样子呢? 现在语文教学负担太重。语文如同柳宗元笔下的蝜蝂,背负得太多太多。且不说语文的内涵如何丰富、外延如何广大,单就语文的"教、学、考"不一致的问题,一直为社会所诟病。不像有的学科"教、学、考"高度一致,教什么考什么,教得明白,考得也清楚,而语文却是"教的是课本,考的是课外",学生学起来也是云里雾里,语文教师也是苦不堪言。由于种种原因,语文课堂承载了太多非语文的东西,致使语文课堂只能是"戴着镣铐的舞蹈"。语文课也难免乱象丛生。

极简语文是针对现在语文教学内容过于繁杂、环节过于冗杂而提出的。语文要瘦身,减去那些不必要的人为加上去的各种负担,还原本来的面目。从古到今我国语言文字都是追求简洁的,无论是儒家的"四书""五经"还是史家绝唱《史记》,都是"惜字如金"。而今天我们学习语文却是这样烦琐,语文的表达追求表面的繁华,却空洞无物,与语文的本质是背道而驰的。

极简语文教学是指教学内容要抓住核心内容,教学过程要简洁有效,教学效果显著。减轻学生负担,提升学科核心素养。极简语文就像是在剥笋,剥去一层层表皮,直达最核心的过程。极简语文就像播撒种子,种子遇到适合的温度、水分和阳光就会自然生长,再有适合的土壤,就会蓬勃生长,这粒种子可能长成棵草,也可能是一朵美丽的花,也可能长成参天大树。现在的许多语文教学是在移植、嫁接花朵、大树,能不能存活都不一定。极简语文的概念下所教授的语文知识,应该是有生长性的,是活的知识,就像一粒种子,具有生长的能量储备,是一个饱满的生命体。

极简语文蕴含着大道至简的道理,简到极致也就丰到极致。语文就是言简义丰,言有尽而意无穷,简约而含蓄。只有这样,一千个读者才能有一千个哈姆雷特,语文要有留白,充分发挥学生的联想和想象能力。语文课堂要学会留白,留给学生思考的空间、感悟的空间、创造的空间。

国家教育部多次通过文件形式,要解决中小学生作业负担过重的问题。"学生课业负担过重,是当前许多小学存在的一个突出问题。解决的关键在于引导小学教育工作者端正教育思想,坚持全面育人,在提高教育质量上下功夫。为此,必须采取措施,纠正违背教育规律的做法,保证学校的正常教学秩序,使儿童少年在德、智、体、美、劳诸方面生动活泼地健康成长。"

要真正解决学生负担过重的问题,就要提升核心素养,提高教师素质,尤其是提高教师解读文本的能力,一个语文老师对文本解读有多深,决定他课堂教学的繁简程度。"己之昏昏,换人之昭昭"是不可能的。国家教育咨询委员会委员、中国教育学会名誉会长、北京师范大学资深教授顾明远在回答"2020年的疫情让中国2亿青少年首次集体体验在家线上学习的新模式,我们面临哪些挑战"时说:"必须以学生为主体,教师必须调动学生自主学习的积极性,培养他们自学的能力、思考的能力、线上沟通的能力与终身学习的意识和能力。老师要认真钻研课程教材,抓住内容的重点、难点,精讲多练。老师的线上教学,就不能像平时那样滔滔地讲,而是要抓住教材中的重点、难点,要重视启发和点拨。重在学生的理解,而不是记忆。"

极简语文就是大道至简的语文。能够让语文瘦身,以至至简的境界。语文教师的素质至关重要,语文教师要能够吃透教材,抓住本质,删繁就简。黄明勇在《新高考视域下原初阅读理念与实践》一文中写道:"长期以来我们的文本解读流于经验和语感,原初阅读教学主张在阅读教学中遵循文体规律,树立问题意识。只有遵循文体规律,才能增强语理意识。"我深以为然。这是一条解决当前语文乱象的正确道路。

第二节　极简语文主要特点

一、教学目标要极简

教学目标是关于教学将使学生发生何种变化的明确表述,是指在教学活动中所期待得到的学生的学习结果。在教学过程中,教学目标起着十分重要的作用。教学活动以教学目标为导向,且始终围绕实现教学目标而进行。

教学目标的制定要根据教材、学情等具体情况来制定。教师在制定教学目标的时候一定吃透教材,明确教学价值,确定自己的教学目标。新课程倡导的课堂教学目标有三个维度:知识与技能目标,过程与方法目标,情感、态度与价值观目标。

知识与技能目标。这个目标主要是针对语文的工具性确定的。语文的基础知识包含:字、词、句、篇、语、修、逻、文等。在初中阶段要结合学情、教材等因素,精准地确定教学目标。不可过于宽泛,要抓住重点。字词等基础知识,要根据教材"读读写写"来确定,根据教材的一贯性原则来确定。技能目标要考虑文体的特点。例如,记叙文要考虑记叙的六要素、记叙顺序的教学重点,这篇文章学习怎样的写作方法,这篇文章在谋篇布局方面有什么特色,等等。有文体意识,才能抓住核心,达到教学目标简洁。

过程与方法目标。这个目标主要针对教学实施而言,是一个隐性的目标。明确了教学内容,采用适合的方法,最能体现教师的教学智慧和艺术。教师要能够做好转化的工作,这样在教学的过程中才能做到既有意义又有意思。

情感、态度与价值观目标。这个目标主要针对语文的人文性,语文的"德育目标"也是语文教育的重要属性。自古就有"文以载道",语文的德育有"春风化雨,润物无声"的特点。也是贯彻我国的教育方针,立德树人的目标。这个目标一定要结合文本,真正做到"润物无声"。

教学目标的明确与否决定了课堂教学的繁简。教学目标不能过于笼统空泛,否则教学设计就没有了明确的指向性。教学目标就像指南针,只有精准才能正确导航,不然就失去了意义。教学目标的设置要考虑文体、文本因素。叶圣陶先生曾经说过"教是为了不教","教材无非是个例子",就是说我们教的时候要考虑这一类的文章应该学什么。再者,要考虑文本特色,这一篇文章最凸显的特点是什么,最能体现这一类的文章的什么特点。综合文体和文本的因素指定的目标就能更加简洁。知识与技能目标就是要明确简洁,尤其是比较长的文章或者是文言文等知识点比较多的文章,列一下知识清单尤为重要。哪些是重要的,哪些是一般了解的,要细细甄别,才能够使知识能力目标极简又明确。

例如,《背影》的教学目标设计:

【学习目标】

1. 学习本文抓住人物形象的一个特征——"背影",在特定的环境下进行细致描写的特点。

2. 体会抓住人物特定情境下的"背影"进行细致描写的特点,感受理解体会本文的谋篇布局。

3. 体会本文朴实真挚的深情。

学习目标简析:

1.《背影》这篇文章是表现父爱主题的经典散文。这篇文章的核心,就是对"背影"的描写,尤其是细节描写,一系列动词的运用,是这篇文章突出的特色。

2. 学习目标是结合文体来设计的,这是一篇回忆性散文,文章谋篇布局就要体现"散文"的特点。

3. 德育目标:体会文章表达的真挚感情。这一课的学习目标设计做到了精准,体现了极简的特点。

二、聚焦文本核心教学价值

极简语文课堂教学就是要遵循写作、阅读理解的一般规律。我国的文学创作从古至今都遵循文体规律,也就是文体意识,在语文教学中也要遵循文体规律,这样才能纲举目张,井然有序。教学设计也符合作者意图、教材编者意图、以及学生认知规律,这样的教学设计才能达到至简的状态,避免旁逸斜出。教师要熟悉各种文体的核心知识,储备相关的文体知识,在教学中才能得心应手。

教材中的课文,都是经过专家精选的文章,都是文质兼美的经典文章,是学生学习的典范。大多数课文都是文体特征鲜明的文章。在教学中,抓住文体特征的同时还要展现文本的核心教学价值。

三、课堂教学的留白艺术

语文课堂应该充实而丰盈,丰富而多彩。但是语文课堂的丰富充盈、却不是满满当当、结结实实,像压缩饼干一样,让人难以下咽。当下,许多人误解了语文"充实与丰盈"的含义,认为充实就是要满,更有甚者打着高效课堂的旗号,把课堂塞得满满的:有满堂灌的,有满堂问的,有满堂练的,满堂考的,满堂合作的,满堂讨论的,不一而足,好不热闹。老师教得筋疲力尽,学生学得枯燥无味。老师、学生都是苦不堪言。

语文课要充盈,要厚重,但绝不是一个"满"字能解决的。语文课要虚实相生,要有留白。就像中国画,寥寥数笔,活脱脱地画出一个形象,抓住事物的神韵,就是借助了留白。在黑与白的对比中,画出神韵来,抓住事物的本质,凸显其精神。我们常说,一千个读者就有一千个哈姆雷特,就是这样一个道理。语文课怎样留白呢?

教材解读留白。教材解读留白就是留有想象的空间,就是教材的解读不要过度解读,否则把教材解读死了。就如罗敷之美,"秦氏有好女,自名为罗敷。罗敷喜蚕桑,采桑城南隅。青丝为笼系,桂枝为笼钩。头上倭堕髻,耳中明月珠。缃绮为下裙,紫绮为上襦。行者见罗敷,下担捋髭须。少年见罗敷,脱帽著帩头。耕者忘其犁,锄者忘其锄。来归相怨怒,但坐观罗敷。"罗敷之美让读者尽情地发挥想象,这就是留白的艺术魅力。我们如果过度解读教材,就会失去了想象的空间。例如,《从百草园到三味书屋》中对百草园的描写:"不必说碧绿的菜畦,光滑的石井栏,高大的皂荚树,紫红的桑椹;也不必说鸣蝉在树叶里长吟,肥胖的黄蜂伏在菜花上,轻捷的叫天子(云雀)忽然从草间直窜向云霄里去了。单是周围的短短的泥墙根一带,就有无限趣味。油蛉在这里低唱,蟋蟀们在这里弹琴。翻开断砖来,有时会遇见蜈蚣;还有斑蝥,倘若用手指按住它的脊梁,便会啪的一声,从后窍喷出一阵烟雾。何首乌藤和木莲藤缠络着,木莲有莲房一般的果实,何首乌有臃肿的根。"引导学生理解百草园的乐趣,"碧绿的菜畦,光滑的石井栏,高大的皂荚树,紫红的桑椹",学生去想象菜畦碧绿是怎样的,石井栏是如何的光滑,皂荚树的高大,切不可拿些现在的百草园图片一一对应,这就是过度解读,僵化的解读,杀死了学生的想象力。

课堂时间留白。就是留给学生思考的时间。课堂要简洁,从教学目标到教学环节等,都要留给学生足够的时间。一节课的时间是固定的,教师用的时间多,学生用的时间就少,反之亦然。教师的提问要讲求科学性和艺术性,提问之后一定要留给学生足够的思考时间。在许多公开课上,教师比较紧张,就害怕课堂的寂静,提出问题,不给学生思考时间,立刻就让学生回答,学生非常紧张,一个个问题犹如一个个炸雷,避之不及。学生在漫无边际的回答中慢慢地找到了方向,也有了自己的思考,答案也就走向了正轨。我们老师为什么不问完之后留给学生充裕的时间,思考后组织好自己的语言,自信地展示自己的答案呢?

一定要知道我们的语文是母语教学。母语是有生活基础的,有听说读写的基础。不用讲学生就能懂得的就不必讲,学生想一想就能懂得的也不必讲。例如,《从百草园到三味书屋》中关于"美女蛇"的传说,老师不必讲解,学生小时候听过许多这样的故事,完全可以理解。答案不必统一,学生理解不必整齐划一,给学生的理解留有空间。只要理解这个插叙是为了增加百草园的神秘色彩就可以了。

第三节　极简语文课堂教学模式

一、极简语文课堂教学模式图

教学环节一般包括:导入新课→讲授新课→师生互动→课堂总结→布置作业。由于课堂教学的多样性,教学环节也在发生着变化,也不一定把各个环节都运用到课堂中来。

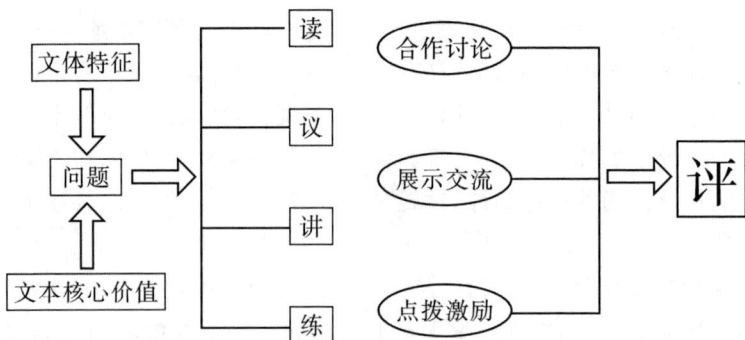

二、课堂教学基本环节：读、议、讲、练、评

（一）读

读是语文教学的起点。从古至今，语文学习从未离开过读，各种各样的读，朗读也罢，默读也罢，总之没有读就没有语文学习。根据学习内容和要求，教师指导学生独立阅读教材，自我质疑、思疑、解疑。教师在教学中，不抛弃教材，而应充分地利用教材，来引导学生，让学生善于阅读，并且学会阅读。同时教师也要为学生提供更多阅读材料，或者激发学生通过各种途径自己去选择阅读材料，真正学会学习。

具体方法包括以下几方面：

1. 兴趣激发

兴趣是智力开发的催化剂，是最好的老师。阅读前，教师要针对课文内容选择幽默风趣而富有启发性的"开场白"，精心设计导入语，这样才能吸引学生的注意力，激发学生的学习欲望，唤起学生的阅读兴趣。

2. 方案引领

自读前，让学生根据《学案》找到感兴趣的问题，让学生带问题来阅读，使学生按教师设计的教学思路阅读学习。阅读提纲要紧扣教学重点，明目标、多层次、多角度引发，富有指示性和启发性。

3. 习题引路

新教材的课后练习设计很经典，能够紧扣文本，新颖独特。让学生带着问题学习。课后习题既是本文的重点、难点，也是学生必须要消化和掌握的知识。有计划地提高学生的思维能力。

4. 读中思

在读的过程中培养语感，在读的过程中品悟文章情感。

(二)议

读的过程中发现不懂或不明白的问题要进行议论、讨论。老师针对阅读存在的易错易混知识,学生在阅读中模糊的认识,启迪学生主动思考,同学间互相引发议论,根据每节课教学的重点、难点,结合导向题目,有的放矢地组织学生前后桌或分组议论,相互畅谈体会,纠正错误,取长补短,议论前留给学生充分的思考时间,并且做好发言准备,议后要及时总结,提高议论质量。

1. 同桌互议

同桌同学之间,根据每位同学自己发现的问题,互相讨论、互相解疑,最终找到共同答案。或者存疑,等待后面全班的交流讨论。

2. 小组合作

同桌讨论后没解决的问题,提交小组合作相互讨论释疑,集思广益,充分讨论,博采众长。学生讨论中大家取长补短,互相帮助,共同提高,充分发挥学生的主体作用。在这过程中,教师一边巡视一边参与学生的讨论,发现学生讨论中的问题,对差生还可以特别关照,给予适当的启发提示。如果在这个过程中发现学生困难或者偏离主要问题,教师可以随时纠偏、点拨。也鼓励学生大胆质疑,敢于批判,真正实现生生、师生互动。

议的过程,同时也是学生识记、理解的过程。议要适度,根据教学内容、教学需要来进行,学生能自己解决的文体,不必互议;同桌能互议解决的,不必再进行小组讨论。组与组之间的讨论,要在老师的有效指导下进行。

(三)讲

讲包括两种方式。

1. 学生讲

学生在同桌互议的过程中,有所收获,展示自己的学习成果;应该积极鼓励学生发言,尤其是学习成绩一般的同学。

2. 教师讲

教师讲重在点拨、评价，重归纳、指导、提炼、升华。学生在前面的环节中，有许多的发言，教师应该及时给予激励或者评价，对学生出现的问题，要有针对性地给予纠正。在讲的过程中，还要突出强调教学重点，明确学习方法，培养学生的思维。教师讲，要有意义，还要讲得有意思。既要关注知识性，还要关注趣味性。

（四）练

"学而时习之"，是古人留给我们的学习方法，说明了练习的重要性。语文学习中的"习"与其他学科不同，并不是仅仅做题、刷题。语文有很多记忆的内容，所以多读多背也是复习、练习。

1. 当堂练

及时巩固，根据每课的教学内容和要求，学生要当堂完成练习。采用当堂抽查、课上互批等不同方式进行检查，快速反馈信息。

2. 综合练

教师要根据所教授的内容，精心选择试题，命制试题。要注意新学内容，也要关注知识的内在联系。抓住重点，突破难点，提高学生能力和素养。

（五）评

1. 自评

对自己的表现进行自我评价。

2. 师评

教师根据学生的不同表现进行简单激励性评价。

总之，读、议、讲、练、评教学方式在张扬学生主体精神、全面提升整体素养、培养思维的创造性等方面，有不可替代的优越性。读、议、讲、练、评五个环节，相互联系，相辅相成。教学流程简洁高效，突出学生的主体性,同时兼顾教师的主导性。读,是基础;议,是关键;练,是应用;讲,是点拨;评,是归纳评价。只要根据不同的教学内容,联系学生的不同情况,正确把握好读、议、讲、练、评之间的关系,一定能不断提高课堂教学效果。这种优势能够在吸纳和综合运用其他教学方式的过程中,显示出更为强大的活力与生机。

学的环节一定要精。不必要的环节一定要砍掉,必要的环节一定要进行充分,切实做出效果。教学还是要扎扎实实,以学生的学习效果为根本。教学环节的设计取决于教学的需要。教学的每一个环节都是为学生服务。

如果某一个环节没有达到预期的效果,一定要重来,不要流于形式,被教学环节所拖累。生字没有处理好,课文没有读好,就更谈不到对文章的理解。要重视每一个教学环节的作用。

第三章　极简语文教学案例

第一节　《记承天寺夜游》教学案例

【教学目标】

1. 理解文意,掌握几个重点文言词语,能把握作者的情感波澜。
2. 解读"乐""闲"两字的丰富内涵,走进苏轼的精神世界。

【教学重点】

通过品读关键词、句,走进苏轼的内心世界,理解"乐"和"闲"的内涵。

【教学过程】

一、导入

同学们好,今天我们共同学习一篇八年级上册的文言文。"有一种画轴,静静垂于厅堂之侧……"今天我们就共同来欣赏其中的一轴月夜精品——苏轼的《记承天寺夜游》。(板书:题目,作者)

二、出示学习目标并初读课文,整体感知

本课的学习目标是(屏显并齐读)

现在打开卷轴,让我们先睹为快。请同学们自由朗读课文,注意读准字音,读准停顿。

一人朗读。师生共同订正字音、节奏。齐读。

三、理解字词,疏通文意

同学们,为了读得更明白晓畅,我们就要理解文中字词的含义。

屏显:请同学说说你们小组解决了哪些字词含义,还有哪些有疑问?
预设:

入:进入,拟人。

户:门。(《木兰诗》"木兰当户织",足不出户、夜不闭户。)

欣然:高兴的样子。(《桃花源记》"欣然规往"。《咏雪》"俄而雪骤,公欣然曰……。)"

念:考虑,想到。(不念旧情)

遂:于是,就。(《桃花源记》"遂与外人间隔"。《孙权劝学》里"肃遂拜蒙母,结友而别"。)

未寝:没有睡觉。(就寝、寝食难安、废寝忘食)

相与:共同、一起。

庭下:院里。中庭:院里。(门庭若市、大庭广众)

空明:形容水的澄澈,清明澄澈。

交横:交错纵横。(组词法)

盖:原来是。(《狼》"盖以诱敌"。)

但:只是。(《孙权劝学》"但当涉猎"。《木兰诗》"但闻黄河流水鸣溅溅"。)

四、品读体味

这篇小品文仅仅读懂字面意思还不足以欣赏它的美,让我们一起回到那个月华如水的夜晚,随苏轼的文字一起寻友、赏月、品味闲情。

师:这是一篇游记,同学们说一下,游记应该写什么?

生:什么时间。

生:游哪里,看到什么。

师:同学们说得很对,那我们一起随苏东坡游一下承天寺吧。一起

来明确一下这些问题。

　　游记时间:元丰六年十月十二日夜;

　　地点:承天寺;

　　景色:庭下如积水空明,水中藻、荇交横,盖竹柏影也。

　　游览者:苏东坡、张怀民

　　感受:何夜无月?何处无竹柏?但少闲人如吾两人者耳。

　　第一部分:(屏显:元丰六年十月十二日夜,解衣欲睡,月色入户,欣然起行。)

　　生齐读这一部分。

　　师:你喜欢哪些字词?带着怎样的心情?读一读。

　　生1:"欣然"。

　　师追问:因何而欣喜?或者说什么引发了作者的夜游兴致?

　　生:因为"月色入户"而感到高兴。

　　师:原来都是月亮惹的祸啊。古往今来,美丽的月色常常引发诗人情思,李白曾感叹道:"花间一壶酒,独酌无相亲。举杯邀明月,对影成三人。"在这样一个夜晚,举杯邀请明月和明月自己来入户,有何不同啊?

　　生:这个夜晚文中说苏轼"解衣欲睡",本来是将要睡觉了,看出作者此时百无聊赖,有一点孤寂,挺清闲的,此时明月主动入户,作者自然欣喜。

　　师:同学们了解下,此时正是苏轼被贬黄州时期(投影显示背景资料,被贬黄州),只是一个闲职,所以这样的寥落里有月亮陪伴,确实如你所说会比较高兴。而且由于被贬,"平生亲友无一字见及,有书与之亦不答",没有亲友的陪伴。你能试着读出这种孤寂中的欣喜吗?

　　生读。

　　师:不错,很有点这种感觉。

　　生:此时,虽然没有亲友陪伴,月亮就好像亲友一样来陪伴苏轼了,所以他很高兴。

　　师:你真是一个善解人意的孩子!是啊,多情只有天边月,如同老友入门来。此夜也许苏轼寂寥,而唯有明月"入户"。我们把"月色入户"的这个"入"字改成"照",好不好?

　　生:"入"字,运用了拟人手法,更加生动。好像明月是老朋友一样直接进来,才更能感到给苏轼的一种惊喜。

　　师:正是这个"入"字引发了苏轼无尽的惊喜——我本无意见月,月色自"入"我胸怀,不邀而至的月色带来了一份不期而至的快乐。你能再次朗读这部分,读出这种欣喜和高兴吗?

生朗读,生评价,读出一点这种欣喜来了。

师:我觉得如果能读得节奏稍微快一点,更欢快一点,也许会更觉欣喜。你再试试。

生读得更好些了。

师:月色如此善解人意,苏轼也便不辜负这良辰美景,哪怕已然入夜欲睡,也恰好将一番心思寄托给这善解人意的明月啊!这也正是文人的一番闲情逸致啊!咱们再次齐读这部分,读出一点孤寂,一份闲情雅致,读出一份欣喜。

第二部分:念无与为乐者,遂至承天寺寻张怀民,怀民亦未寝,相与步于中庭。

生齐读。

师:这一部分同学们喜欢哪些字词?(学生说哪个字词都可以,什么顺序也都可以)

生:我喜欢"亦"这个字。发现他也没有睡觉,通过这个"亦"字,感到苏轼很高兴。

师:你很善于发现啊。同学们体会下,"亦未寝"和"未寝"在意思上看似没什么区别,试着读出心情上的区别来。

师:确实,重音的处理,恰恰是作者感情的强烈流露。

师:一个"亦"字包含多少惊喜!心中的期待实现后的欣慰、高兴、惊喜!

生:我还喜欢"寻"这个字,苏轼之前并不确定张怀民是否已经在寺中,是否安睡了,所以去找。

师:"寻",有"探寻、寻觅"的意味,看来苏轼是带着一点不确定,又有一点寻寻觅觅的暗暗的期待,还有一点迫切的心情来寻觅这样一个知己的。如果用"见"就刻意了,苏轼可是兴之所至啊。

生:我还喜欢"遂",是"于是、就"的意思,就是一下子想到了张怀民。

师:多么自然而然、灵光乍现啊!在前面"念无与为乐者"之后,思量了一会儿,无人做伴之时,一下子想到了张怀民,谁能读出这种欣喜呢?

生试读,"遂"读得较好,短促。

师:"遂"的短促处理,读出了这种欢快,前面的"念"若读出一种思量的拖长音,一种喟然长叹的落寞与无奈,我想更能凸显这种"遂"的欣喜。咱们试着齐读这一句。

生齐读。

师:"遂"与"念"相接,像是一沉一吟,一悲一喜。当此夜知音稀少之时,将这份兴致全然寄托与我怀民分享时,此刻的"亦"字,终于有一种意气相投的欣喜之情!

师:我们再次读这部分,读出这种欣喜。

生齐读。

师:"可见,任何一个字都不是孤零零的,'念''遂''寻''亦'这样的几个词相互照应着串联在一起,仿佛随苏轼的文字进行了一场寻走,寻得曲径通幽,寻得跌宕起伏,寻得柳暗花明,最后寻出了意气相投。看似寻常的句子背后,在苏轼的笔下,却有了丰富的意蕴。看似可有可无的闲字背后,其实隐藏着作者的万千思绪啊!"

师:好茶要慢慢地品,好景要慢慢地赏,苏轼和友人是如何赏月的?你能从中读出什么?

生:悠闲、宁静,此时无声胜有声,二人是心意相通。

师:哪个字最能体现这种悠闲?你能试着说说、读读吗?

生:"步"这个字。因为"步"感觉就是散步。

师:一种闲庭信步的悠闲、从容,和前面的"欣然起行"的"行"相比呢?

生:"行"是兴致所至,有种欣喜,"步"给人感觉是一种悠闲。

师:你的体会很细腻。让我们一起来读这几句,注意音调的沉吟,重音的处理,读出作者心绪的起伏,读出贬谪的悲凉、人生的喟叹、寻得知己的欣喜,以及月下漫步的悠闲与宁静。

第三部分:庭下如积水空明,水中藻、荇交横,盖竹柏影也。(该部分主要通过比较法赏析比喻的妙处和语句的意境,披文入境,较重要)

过渡语:夜游赏月,是怎样的一番美景呢?哪位同学先来翻译一下这个写景句?

生:院子里好像积水一样空明澄澈,水里的水藻、荇菜交错纵横,是竹柏的影子。

师:还有不同的翻译吗?

生:月光好像积水一样,这是个比喻句。

生:还有"盖"是"原来是"的意思,应该翻译成"原来是竹柏的影子"。

师：经过同学们的翻译，老师明白了，原来这一句是这样写月色的。有人评价说，全句无一字写月，却又无一字不在写月。请同学们比较下，这两句描写的表达效果有何不同？

屏显：原文：庭下如积水空明，水中藻、荇交横，盖竹柏影也。

改文：庭下（月光）如积水空明，水中藻、荇交横，似竹柏影也。

生："盖"，是"原来是"的意思。水中藻、荇交横，原来是月色照耀下竹柏的影子，这影子就是由月光照耀的啊，所以写影子就是在写月光，有一种忽然发现的感觉。

师：一种忽然发现的"恍然大悟"的感觉，你能读出这种恍然大悟吗？

生读。

师追问：我觉得还不够呢，作者为什么会"恍然大悟"才发现这是竹柏的影子呢？

生：因为可能苏轼太沉醉在这美景中了，没有这个"盖"字就体现不出来。

师：是的，你就把自己当作苏轼，置身其中一般读出这种沉醉其中后恍然大悟的发现的惊喜吧！

生读，较好，读出了一点这种惊喜和沉醉。

生：这里说"如积水空明"，"如"就是"好像"，用了比喻，将月光描绘成像积水一样空明澄澈。将月色补出来，就太直白了，少了一份浑然天成的意境。

师：月光如水的比喻常用，而这里说"空明"，仿佛水的澄澈、清澈见底，正是印证了月光的空灵皎洁，没有一点尘杂啊！为什么写竹柏的影子似藻、荇呢？你觉得这个比喻妙在何处？

生：荇菜在水中如带状，藻、荇和竹柏在形态上应该比较相似。

师：正是如此，徐志摩曾经有诗句说"软泥上的青荇，油油地在水底招摇"。竹是岁寒三友之一，高洁的文人颇偏爱。苏轼对竹是有特殊的偏爱的，在他的老家，竹子是寻常可见的植物，他在黄州居住的临皋亭，也遍种竹子。他曾说："宁可食无肉，不可居无竹。无肉使人瘦，无竹使人俗。"苏轼曾经有诗其意境和此句颇像："世间亦有千寻竹，月落庭空影许长。"描绘出月光洒落在空旷的庭院中拉长了竹柏的影子。

如此皎洁的月光，映照着竹柏的影子，颇有一番疏影摇曳、似真似幻的意境，不禁令作者二人沉醉其中了。这里不写月，却给人月下散步的感觉，这正是作者的高妙之处。

师:看来比喻的妙处,不仅在于形似,更在于意象的寄托和意境的神似。正所谓"不着一字,尽得风流"。咱们试着读出这种恍然大悟和沉醉其中的悠闲和欣喜。

生齐读。

师:同学们都有一颗赏景的善感灵心。一切景语皆情语。苏轼沉醉在这样澄澈空明的月夜中,心境也变得——

生接:宁静、愉悦,暂时抛却烦恼,挺悠闲。

师:一份闲情,幻化为一番美景,同学们,我们一起来读出这种空明澄澈、宁静欣悦、悠闲超脱之感。

第四部分:何夜无月?何处无竹柏?但少闲人如吾两人者耳!

过渡语:眼前的朗月美景,唤醒了诗人心中涌动的情,于是触景生情,作者不禁感慨道——

生齐读:何夜无月?何处无竹柏?但少闲人如吾两人者耳!

师:明月时时有,竹柏处处生,而像我俩这样的"闲人"不常有啊!此刻,我们也不禁置身那个月夜,你带着怎样的情感读这句"闲人"呢?

预设:

生:快乐的,因为月色入户而高兴。

生:有赏月的悠闲。

师:是啊,"江山风月,本无常主,闲者便是主人。"无论身在何处,只要有一份闲情逸致,便能成为山水的主人,也是自己的主人,苦难的主人。你们都是懂欣赏、爱自然的孩子,能够投身自然,发现美,感受快乐和这份闲情雅致。这也是文人的一番别样情怀啊!我们带着情感读这两句。

生齐读。

生:还有一点乐观、旷达。

师:是啊,无论身处何种境地,依然能达观地面对。

师补充资料:苏轼被贬黄州时,当地太守拨给他约五十亩坡地,于是合家开荒种地。"东坡"之名就这样诞生了。

屏显补充资料:"去年东坡拾瓦砾,自种黄桑三百尺。"苏轼有七律《初到黄州》,前两句:"自笑平生为口忙,老来事业转荒唐。"

何必为贬谪而闷闷不乐?被贬之后,清闲且贫困的苏轼亲自参加农业劳动,向自然山水之间寻求超越苦难的办法,在逆境中寻求一种旷达。苏东坡三个字,从此响彻千年中国历史,我想也是因着这份豁达。

黄州五年,苏轼越来越转向大自然、转向人生体悟。在黄州,他习惯了在逆境中寻找安定,所以哪怕余生再遭贬谪,亦可闲然自适。

屏显补充资料:东坡贬惠州:"日啖荔枝三百颗,不辞长作岭南人。"贬儋州:《定风波》:"试问岭南应不好? 却道此心安处是吾乡。"

无论被贬何地,无论身处怎样的境遇,只要有一颗旷达自适的心,就能够找到精神的诗意栖居。

所以苏轼不无自嘲又不无自赏地感叹道:"问汝平生功业,黄州惠州儋州。"

千年前的明月入户,引发了诗人的闲情雅致,敞开了一扇通往自然、通往生活的心门,使我们得以触摸苏轼那"宠辱不惊寄明月"的旷达情怀。外面的黑暗吓不倒他,恶劣的环境难不住他,独自的孤独打不垮他,只要心灵安闲旷达,依然热爱自然和生活,依然能有赤子般的宁静欣悦。

五、小结与背诵

师:但愿我们都是苏轼的异代知音。祝愿同学们在日渐纷繁的今天,也能保有这份"宠辱不惊寄明月"的宁静欣悦与豁达自适。

带着这样的情感,让我们循着作者的心意背诵这篇言简义丰的隽永文章。

屏显提示词,生齐背诵。(配乐)

相信现在,苏轼与他的文字、那夜的月色与那夜的闲情,同学们已然铭记于心,仿佛从自己胸中流出了,让我们带着情感再次背诵。

第二屏字数减少。(配乐背诵)

六、简要评析

这篇文章是苏东坡被贬黄州时所做。当时他被贬为黄州团练副使,有职无权,是一个闲差,在这里过了几年闲居的生活,在这种情形下,写了这样一篇文章。

(一)抓住"记"文体特点

这是一篇"记",但是这篇记又和一般的古代游记不同。全文80余字,点明游记时间:元丰六年十月十二日夜;地点:承天寺;景色:"庭下如积水空明,水中藻、荇交横,盖竹柏影也。"感受:"何夜无月? 何处无竹柏? 但少闲人如吾两人者耳。"从游记角度设计,这篇文章思路清晰,内容也清楚。

(二)文本特色——理解"闲人"

这篇游记不同于一般的游记,这篇游记非常的简短,共84个字,恐怕这也创了游记之最了吧。这篇游记非同一般,《记承天寺夜游》名为游记,实为抒怀,卒章显志的小品文,在文章结尾处的"何夜无月?何处无竹柏?但少闲人如吾两人者耳",此句的理解是文本的核心,抒发了苏东坡豁达的情怀。在教学中要引导学生正确理解"闲人"的含意。执教教师适时补充苏东坡的相关资料,知人论世,结合当时的历史背景正确理解苏东坡的心情,感受体验苏东坡的思想历程,丰富学生的内心体验。这个教学设计凸显文本特质。

第二节　《茅屋为秋风所破歌》教学案例

【教学目标】

1. 理解诗歌内容,通过反复诵读感悟诗歌感情。

2. 通过对诗歌的品读,体会杜甫沉郁顿挫的诗歌风格,培养学生忧国忧民思想以及"吾庐独破受冻死亦足"的崇高情怀。

【教学重点】

通过咬文嚼字与反复诵读感受诗人的情感。

【教学难点】

让学生触摸时代的风雨,感受杜甫生活的苦难。

【教学过程】

一、导入

同学们,老师在一位名人故居前见过这样一副对联,大家能猜出这位名人是谁吗?(屏显:诗史数千言,秋天一鹄先生骨;草堂三五里,春水群鸥野老心。)

明确:杜甫因为"三吏""三别"故被称为"诗史",曾客居成都浣花溪边草堂,又自号"少陵野老"。杜甫有诗:"飘飘何所似,天地一沙鸥。"

公元760年,身处安史之乱中的杜甫,经亲友帮助,在成都浣花溪边盖起草堂。第二年八月,大风破屋,大雨又接踵而至,诗人长夜难眠,写下了今天我们要学习的这首不朽的名篇《茅屋为秋风所破歌》。(板书标题)

二、倾听风雨

1. 请允许老师根据自己的理解来朗读这首诗,也请同学们用心倾听诗中蕴含的情感。(在音乐声中范读)

提问学生的倾听感受。

2. 对老师的朗读,请择其善者而从之,其不善者而改之。请同学们带着自己的理解深情地大声朗读一遍这首诗。注意,自己读自己的。请珍视你的朗读体验。

3. 点评学生朗读情况

大家的朗读不仅眼到、口到,而且做到了心到,初步体会了诗人的情感。下面,我们通过咬文嚼字的读书方法,走近杜甫的草庐,触摸时代的风雨,咀嚼生活的苦难!

三、咀嚼苦难

(一)回顾上节课所学内容,说说诗中描写了几幅画面?

明确:秋风破屋　群童抱茅　夜雨湿屋　广厦千万

(二)诗人写秋风破屋,用了力量感很强的一些字,请同学们找找看,并说说这些词的表达效果。

明确:

1. 诗句中运用了"怒号、卷、飞、洒、挂、飘转、沉"。

2. "怒号"运用拟人修辞,写出风的狂怒可怕,写出了诗人内心的惶恐不安。

3. "卷"能否改为"掀"?"卷"和"掀"都写出了风大,被风吹起来的茅草多,但"卷"写出了草在空中的形态。

4. "飞""洒""挂""飘转""沉"都写诗人眼中茅草飞动时的情景,茅草遍洒江岸,高的挂在树上,无法捡回;而沉在江中更无法再拾起,写出诗人内心的绝望。

（三）群童出于顽皮抱走了杜甫的茅草，诗人试过阻止但却无可奈何，但他为何要如此激动，以"盗贼"称之呢？叹息的又是什么？

明确：

1. 表面上，拿走别人的东西，没有经过主人的同意，是为盗贼。

2. 暗讽了当时犯上作乱的乱臣贼子。

3. 叹天公无情毁屋、儿童幼稚、黎民生活困苦。

（四）过了不久，怒号的秋风停了，可连绵不绝的秋雨接踵而至，此时的诗人茅屋里又是怎样的一番景象呢？

明确：

1. "铁"既写出了被子很凉很硬，又写出了被子很旧很脏，只有一被，无法拆洗，写出杜甫的贫穷。如用"冰"字，则只能写出被子的凉。

2. 娇儿，既写出了孩子的小，又写出父亲对孩子的疼爱。"恶卧"是指孩子睡相不好，可是又不是责怪的语气，而是怀着对家人隐隐的愧疚。（屏显：入门闻号啕，幼子饿已卒。吾宁舍一哀，里巷亦呜咽。所愧为人父，无食致夭折。——《自京赴奉先县咏怀五百字》）

（五）品读：床头屋漏无干处，雨脚如麻未断绝。

引读1：这个雨夜，床头没有一处是干爽的，密密麻麻的雨脚不曾断绝。这说的仅仅是诗人的茅屋吗？

何止是床头屋漏无干处，整个大唐王朝也是万方多难，没有一块土地未染战火。这连续不断的雨脚啊，何尝不是诗人忧国时丝丝缕缕的心事呢？请读出杜甫的心乱如麻！

引读2：此时的诗人会想到些什么呢？（骨肉分离、妻离子散、哀鸿遍野……）请想象着大唐土地上的满目疮痍再读！

（六）品读：自经丧乱少睡眠，长夜沾湿何由彻！

引读1："丧乱"本意为死亡祸乱，后多以形容时势或政局动乱，这里指安史之乱。杜甫在安史之乱之后都经历了什么？（屏显背景资料）

在辗转漂泊惊心动魄的逃难过程中，杜甫怎会不"少睡眠"呢？请读出杜甫的九死一生，读出杜甫离乱中的苦难！

引读2：在这个漫长的夜晚，屋子里到处都是湿漉漉的，如何才能挨到天亮？难挨的仅仅是这个夜晚吗？还是什么？（屏显背景资料）

由安史之乱造成的动荡不安的时局何时才能到头呢？来，读，读出此后二百年，黎民百姓在战乱年代无所控诉的苦水！再读，读出杜甫在时代的暗夜里对黎明的渴望与呐喊！

四、感悟圣哲

诗人杜甫的遭遇是安史之乱中千千万万百姓生活的一个缩影,可是杜甫之所以被称为"诗圣",是因为他在自己经受生活上、精神上的痛苦折磨时,想到的不是个人,而是普天下千千万万像他这样处于困苦境地的"寒士"。(屏显)

品读:安得广厦千万间,大庇天下寒士俱欢颜,风雨不动安如山。

呜呼,何时眼前突兀见此屋,吾庐独破受冻死亦足!

引读1:用声音做砖,构筑起广厦千间!

读出天下寒士的欢颜笑语!

读出风雨中岿然不动的和平与安稳!

引读2:这个理想能实现吗? 读好一个"呜呼",读出一种悲愤与怅然!

引读3:杜甫宁愿自己茅屋独破、在寒风中冻死,也要换取国家和平、寒士安居! 读出"虽九死其犹未悔"的坚定与决绝!

"老吾老以及人之老,幼吾幼以及人之幼。"杜甫用他的生命,用他一生的实践,彰显了儒家的仁爱之心与悲悯情怀。

五、结课

杜甫永远是民间的杜甫,是站在人民中间的杜甫,与人民同欢乐共悲苦,为社会与人群而振臂高呼! 他是中华民族的脊梁!

齐读:(屏显)我总觉得陶潜站得稍稍远一点,李白站得稍稍高一点,这也是时代使然。杜甫似乎不是古人,就好像今天还活在我们堆里似的。——鲁迅

我们念念不忘的,不仅仅是杜甫被称为"诗史"的"三吏""三别",更是他这个人,是他忧国忧民心怀天下的儒家人格典范!

齐读:(屏显)中国有史以来第一个大诗人,四千年文化中最庄严、最绚丽、最永久的一道光彩。——闻一多

杜甫的茅屋破了,但他却为了我们树立起了一座人格的丰碑! 最后让我们一起再次朗读这首诗,再次感受杜甫那颗火热的心灵!

生齐读。

下课!

六、简要评析

因为这是第二课时，第一课时已经扫清了字词障碍，也让学生从整体上理清了诗人的写作思路。这首诗的分段无疑是编者所为，但整体上看是合理的。第二课时，我主要解决的问题是通过咬文嚼字，在朗读的过程中让学生更深刻地体会杜甫忧国忧民心怀天下的伟大人格！

对于学生语文素养来讲，字词是基础，咬文嚼字是手段，朗读与写作是输出。字词基础与写作应该主要是课下进行，一对一地落实与提高。而在语文课堂上，最重要的就是咬文嚼字与朗读。咬文嚼字是语文素养提高最为核心的手段。我一直坚信，语文能力，简单来讲，最重要的就是赋予意义的能力。赋予最简单的字词句篇以别人想不到的，或者说是想到了但说不出的意义，这是语文最核心的素养。实际上，随着学生年龄增长，阅读量与阅历的增加，这种赋予意义的能力在学生头脑中是瞬间完成的。但在初中阶段，这个过程，在课堂上实际上是被扩大化的。

用王君老师的话来说，语文课堂就是要开辟一块一块的战场，让学生在字词丛里出生入死，在这个过程中，学生的语文素养才能得以提高。于是这节课，我设计不少咬文嚼字的分析：从字词理解上看，一个"卷"，一个"铁"，这两个字，一个写出了风大心急，一个写出了杜甫生活的窘迫。这两个字既可以看出学生思维的广度，又可以看出学生思维的深度。从意思的深浅来看，"叹息"二字明显是另有所指，"长夜"也有多种理解，对这两个词的咀嚼，实际上是在培养学生的发散思维能力，而且这里面有文史的交融，以"史"注"诗"，以"诗"证"史"，培养学生的文史观。

可是，咬文嚼字的目的是专注于理解，培养学生的理解能力。理解能力是学生头脑中完成，语文最重要的还是输出。输出有两种方式，一是朗读，二是写作。朗读相对于写作来得更加直接。初中阶段，培养学生的朗读能力，就是要让学生从文字中生发情感，又将情感送入文字，用声音传达出来。说到底就是感发的能力。无感发能力，学生就像石头一块，有了感发能力，一草一木，一花一石，都可以构筑一个自足的精神世界。

《茅屋为秋风所破歌》是杜甫的名作，虽然也有不同的声音，不认可这首诗的文学价值。但我觉得，这首诗在内容上集中体现了杜甫诗歌"沉郁"之深，而在节奏上，又体现了杜甫诗歌的"顿挫"之美。而"沉郁顿挫"最好的感受方式就是朗读，通过声音的输出认可其思想，用声音的跌宕感受其节奏。

　　然而，如果是现代诗还好说，古代的诗歌，内容极其简省，思想又极其幽眇深刻，没有教师的引导，学生仅凭自学是很难感受其深刻的。于是，在上课之初，我选择配乐范读。第一时间打动学生，让他们快速进入诗歌的情境中来，营造好一种悲壮的雄浑的氛围，为下面情感的生发做好充分准备。从学生的实际表现来看，我的这一设计达到了这一目标。

　　然后，每一个咬文嚼字的环节，我都设计了一个朗读环节，比如"丧乱"与"长夜"，我通过学生分析，又加进史料，让学生反复诵读，读出此后二百年黎民百姓在黑暗时代无所控诉的苦水，继而读出杜甫在时代的暗夜里对黎明的渴望与呐喊！特别是在最后，通过三次引读：用声音做砖，筑起大厦千万，读出天下寒士的欢颜笑语，读出风雨中岿然不动的安稳与和平……学生的朗读热情一浪高过一浪，用心体会了杜甫忧国忧民的伟大精神。

　　正是在这样的朗读过程中，我相信《茅屋为秋风所破歌》才真正触动了学生的灵魂，走进了学生的心里。

第三节　《灯笼》《一滴水经过丽江》　《阿长与〈山海经〉》教学案例

《灯笼》教学案例

【教学目标】

1. 以"灯笼"为线索，理清文章的叙述脉络。
2. 以"灯笼"为载体，体会作者的思想感情。
3. 以"灯笼"为具象，赏析文章的语言写法。

【教学重点】

1. 认知"灯笼"所蕴含的民俗意义。
2. 感受"灯笼"所寄予的家国情怀。

【教学难点】

感受文章典雅蕴藉的语言特色。

【教学过程】

一、导入课文

同学们,今天我们要学习一篇散文《灯笼》,作者吴伯箫。提起"灯笼",你会想起什么?

预设:灯笼可以照亮,带来温暖。美丽古典,好像带我们穿越回到过去的老时光,想起了我童年时看花灯的经历……

"灯笼"勾起了大家许多美好的回忆,下面,就让我们一起进入课文,看一看关于"灯笼",吴伯箫先生会想起什么?

二、走近作者

吴伯箫(1906—1982),原名熙成,著名散文家、教育家。

1906 年生于莱芜吴花园村。大学时参与五四运动、"一二·九"运动后,积极宣传抗日救国思想。后到延安,参与文化宣传工作。解放后,担任人民教育出版社副社长。

吴伯箫毕生倾注于教育事业和文学创作,笔耕不辍,成果丰硕,作品200 多篇,主要收在《羽书》《北极星》等文集中。

三、走进《灯笼》

(一)教师范读

了解了作者,接下来请允许老师带着自己的理解,来给大家朗读课文。听读时,注意标段号、正字音。

神龛 kān　　　犬吠 fèi　　　呵斥 hē　　　争讼 sòng
斡旋 wò　　　幽悄 qiǎo　　　锵然 qiāng　　　霍骠姚 piào

范读后,请同学读课件上的字词。

(二)灯笼之"忆"

提问:请同学们以喜爱的方式自读课文。思考:关于"灯笼",作者写到了哪些回忆?

要求:圈画语句,理清思路,表述观点。

(生自读,圈点评注)

预设:

1. 关于家园的回忆

(1)第三段:我伴祖父行,祖孙间情笃

"记得,作着公正乡绅的祖父,晚年来每每被邀去五里遥的城里说事,一去一整天。回家总是很晚的。凑巧若是没有月亮的夜,长工李五和我便须应差去接。伴着我们的除了李老五的叙家常,便是一把腰刀,一具灯笼。那时自己对人情事故还不懂,好听点说,心还像素丝样纯洁;什么争讼吃官司,是不在自己意识领域的。祖父好,在路上轻易不提斡旋着的情事,倒是一路数着牵牛织女星谈些进京赶考的掌故;雪夜驰马,荒郊店宿,每每令人忘路之远近。村犬遥遥向灯笼吠了,认得了是主人,近前来却又大摇其尾巴。到家常是二更时分。不是夜饭吃完,灯笼还在院子里亮么? 那种熙熙然庭院的静穆,是一辈子思慕着的。"

提问:"忘路之远近"是引用陶渊明《桃花源记》中的句子,意思是"忘记走了多远"。想想在生活中,什么情况下,我们会"忘路之远近"?

预设:心思被更有趣的事情所吸引,所以不知不觉走了很远,记不清路了。

提问:文中"我"的心思被什么所吸引了?

预设:被祖父所讲的掌故。

提问:故事内容有趣固然吸引人,但讲故事的人要声情并茂才会更有意思。想象一下,祖父讲时是声情并茂的,还是疲惫不堪的?

预设:声情并茂的。

提问:可是文中分明写到了"晚年来每每被邀去五里遥的城里说事,一去一整天。回家总是很晚的"。一个老人家,步行五里之遥,帮别人解决问题,一去一整天,回家总是很晚。祖父应该是怎样的?

预设:疲惫不堪。

提问:这种矛盾,怎么理解?

预设:因为祖父爱我,所以看到疼爱的孙儿来接自己,虽然疲惫,但是也要打起精神来;或者看到孙儿自然有了力气,要给孙儿绘声绘色地讲个故事,体现了记忆中的祖孙情笃。

(2)第五、六段:灯笼小纱灯,宣照母子情

"'路上黑,打了灯笼去吧。'

"自从远离乡井为了生活在外面孤单的挣扎之后,像这样慈母口中吩咐的话也很久听不到了。每每想起小时候在村里上灯学,要挑了灯笼走去挑了灯笼走回的事,便深深感到怅惘。母亲给留着的宵夜食品便都是在亲手接过了灯笼去后递给自己的。为自己特别预备的那支小的纱灯,样子也还清清楚楚记在心里。虽然人已经是站在青春尾梢上的人,母亲的头发也全白了。"

预设:这一段写了在"我"下灯学回来之后,母亲给"我"留着宵夜食品,并为"我"特别预备小纱灯的事情。

提问:为什么要为自己特别预备一支小的纱灯?

预设:"特别"是"特意、特地"的意思,是只为"我"准备的。让"我"吃饭时照亮,睡觉时驱散黑暗。对照上段中"到家常是二更时分。不是夜饭吃完,灯笼还在院子里亮么?"家里常常到半夜都有温暖的光亮映着,那种暖融融的亲情,纵然时隔多年,仍然教人"思慕着"。

提问:指导朗读"母亲给留着的/宵夜食品//便都是/在亲手接过了灯笼去后//递给自己的。"注意停顿。

小结:一盏小灯,体现慈母深情。这种母爱深深镌刻在作者心中,所以此去经年,小纱灯的"样子也还清清楚楚记在心里"。灯笼宣照着母子情深。

小结:一盏灯笼,两处情深。无论是祖孙情,还是慈母爱,都承载在灯笼里,成为回忆里深藏的亲情,历久弥新。

2. 关于乡土的回忆

(1)第二段:遥想当年事,回忆纷沓来

"提起灯笼,就会想起三家村的犬吠,村中老头呵狗的声音;

"就会想起庞大的晃荡着的影子,夜行人咕咕噜噜的私语;

"想起祖父雪白的胡须,同洪亮大方的谈吐;

"坡野里想起跳跳的磷火,村边社戏台下想起闹嚷嚷的观众,花生篮,冰糖葫芦;台上的小丑花脸,跪堂谱,《司马懿探山》。"

这一组运用排比,句式工整,增强语势;写出看到灯笼所联想到的回忆,体现出提起灯笼,回忆纷至沓来的情景。表达作者对灯笼的一往情深。

(2)第六段：村头红灯照，慰藉孤行客

"乡俗还愿，唱戏，挂神袍而外，常在村头高挑一挂红灯。仿佛灯柱上还照例有些松柏枝叶作点缀。挂红灯，自然同盛伏舍茶、腊八施粥一样，有着行好的意思；松柏枝叶的点缀，用意却不甚了然。真是，若有孤行客，黑夜摸路。正自四面虚惊的时候，忽然发现星天下红灯高照，总会以去村不远而默默高兴起来的吧。"

预设：写了村头挂红灯的乡俗。

提问：红灯是谁挂的？

预设：村民。

提问：为什么挂？

预设：乡俗还愿的一种，还有着行好的意思？

提问：怎么理解"行好的意思"。

预设：这一段写乡村的风俗：挂灯照路。从"四面虚惊"到"默默高兴"的心理对比，就缘于"红灯高照"，带来温暖，驱散黑暗。这种乡俗同盛伏舍茶、腊八施粥一样，有着"行好的意思"，让人体会到村民的善良和民风的淳朴，这一切深深留存在作者的记忆里，成为"爱"的源头之一。

(3)第七段：元宵追龙灯，伴灯入梦来

"……金吾不禁的那元宵节张灯结彩却曾于太平丰年在几处山城小县里凑过热闹：跟了一条龙灯在人海里跑半夜，不觉疲乏是什么，还要去看庆丰酒店的跑马灯，猜源亨油坊出的灯谜。家来睡，不是还将一挂小灯悬在床头么？梦都随了蜡火开花。"

提问：作者的心情如何？从哪里看出来？

预设：欢喜，喜悦，从"不觉疲乏"看出来。

"不觉疲乏"的表现是什么？"还要去看庆丰酒店的跑马灯，猜源亨油坊出的灯谜。家来睡，不是还将一挂小灯悬在床头么？"

两个"还"字值得玩味："跟了一条龙灯在人海里跑半夜"，应该疲乏不堪了，但作者却说"不觉疲乏"，"还"要去看跑马灯，"还"要去猜灯谜，好不容易回到家里，"还"要把一挂小灯悬在床头，让灯笼进入梦乡，做一个灯光璀璨的美梦。表现了作者对灯笼的痴迷和爱。这是童年的快乐回忆，我们很多同学都有着相同的感受。

(4)第八段：族姊远嫁去，物是人非来

"想起来，族姊远嫁，大送大迎，曾听过彻夜的鼓吹，看满街的灯火；轿前轿后虽不像《宋史·仪卫志》载，准有打灯笼子亲事官八十人，但辉煌景象已够华贵了。那时姊家仿佛还是什么京官,于今是破落户了。进士第的官衔灯该还有吧,垂珠联珑的朱门却早已褪色了。"

预设:写了"族姊远嫁,看灯火"的回忆。村民们一年最重要的节日——社日,要有灯笼;人一辈子非常重要的日子——嫁娶,要有灯笼;仕途之人最重要的身份象征——官衔,也是灯笼。灯笼在这里,串联起了人的一生。

(5)第九段:灯笼上描字,乡俗中沉迷

"用朱红在纱灯上描宋体字,从前很引起过自己的喜悦;现在想,当时该并不是传统思想,或羡慕什么富贵荣华,而是根本就爱那种玩艺,如同黑漆大门上过年贴丹红春联一样。自然,若是纱红上的字是"尚书府"或"某某县正堂"之类,懂得了意思,也会觉得不凡的;但普普通通一家纯德堂的家用灯笼,可也未始勾不起爱好来。"

预设:写了自己喜欢"用朱红在纱灯上描宋体字"的回忆。"喜悦""爱""爱好"等词语传达出对乡俗氛围的迷恋。

"未始"是"未必"的意思,和"勾不起"两个词,构成了双重否定句,加强肯定语气,给读者留下深刻印象;突出强调了作者对在灯笼上描字的喜爱。这些都是灯笼给作者带来的美好回忆。

小结:一盏灯笼,承载了作者太多的回忆——多样的民俗,淳朴的乡民,和美的民风,回忆起这些,作者不禁沉湎于浓浓的乡情之中。

3. 关于民族的记忆

提问:其实,回忆不光指个人的生活经历,一个国家、一个民族曲折而漫长的历程,也是一种记忆。那么,课文中,作者除了回忆了个人的经历,还写了哪些记忆?

(1)第十段:遥想古宫灯,感受东汉史

"宫灯,还没见过;总该有翠羽流苏的装饰吧。假定是暖迟迟的春宵,西宫南内有人在趁了灯光调绿嘴鹦鹉,也有人在秋千索下缓步寻一脉幽悄,意味应是深长的。虽然,'……好一似扬子江,驾小舟,风狂浪大,浪大风狂'的汉献帝也许有灯笼做伴,但那时人的处境可悯,蜡泪就怕数不着长了。"

提问:最近咱们一直在读《三国演义》,有谁能用简洁的语言介绍一下汉献帝的经历吗?

预设:历史背景介绍(屏显)

东汉末年,皇室衰弱,外戚当道,宦官弄权,民不聊生。黄巾之乱,使汉室统治更风雨飘摇。董卓立献帝,把其作为傀儡皇帝。后来,董卓被杀,献帝逃出长安,又落入曹操手中,被"挟天子以令诸侯"。公元220年,曹操病死,献帝被迫传位于曹丕。

作者书写了关于东汉的历史记忆:东汉末年,皇室衰落,在这样的背景之下,汉献帝也只能孤单地悲叹"自己如同扬子江里的一叶扁舟,被狂风大浪袭裹着,踉跄前行"。把当时群雄混战的局势比作"风狂浪大的扬子江",用比喻,把自己比作"一叶小舟",虽然有温暖烛光的陪伴,可是这种可悯的境遇,让他忍不住簌簌落泪。课下注释写"蜡泪就怕数不着长了"的意思是和汉献帝的眼泪比,蜡泪就不算长了",用对比的修辞,突出泪水比蜡烛的泪还要绵长不绝,进而突出汉献帝内心的愁绪。

(2)第十一、十二段:忆爱国战将,抒爱国志向

"最壮是塞外点兵,吹角连营,夜深星阑时候,将军在挑灯看剑,那灯笼上你不希望写的几个斗方大字是霍骠姚,是汉将李广,是唐朝裴公么?雪夜入蔡,同胡人不敢南下牧马的故事是同日月一样亮起了人的耳目的。你听,正萧萧斑马鸣也,我愿就是那灯笼下的马前卒。

"唉,壮,于今灯笼又不够了。应该数火把,数探海灯,数燎原的一把烈火!"

预设:这一段写了爱国将士奋勇杀敌,保家卫国的历史记忆。

提问:作者在这里引用很多典故,请看课下注释。

找学生读课下注释:

[霍骠(piào)姚]即西汉名将霍去病(前140—前117)。他前后六次出击匈奴,解除了匈奴对汉王朝的威胁。曾被封为骠姚校尉,故名。

[裴公]指唐代大臣裴度(765—839)。元和十二年(817),受命督师进讨淮西叛军。麾下名将李愬(sù)乘雪夜袭取蔡州,生擒叛军主帅吴元济。

[胡人不敢南下牧马]语出西汉人贾谊《过秦论》:"乃使蒙恬北筑长城而守藩篱(fān lí),却匈奴七百余里。胡人不敢南下而牧马,士不敢弯弓而报怨。"(秦始皇于是又命令蒙恬在北方修筑长城,守卫边境,使匈奴退却七百多里;胡人不敢向下到南边来放牧,勇士不敢拉弓射箭来报仇。)

提问:作者借用典故,想要表达什么?

预设:借用典故,遥想李愬、蒙恬等昔日大将以智慧和勇气抗击敌寇,保家卫国,英雄事迹与日月同辉,激励着后人,表达了作者对这些英雄的敬慕之情,以及强烈的爱国豪情。

(三)灯笼之"爱"

预设:提起灯笼,回忆纷至沓来:有关于家园的、乡土的记忆,还有关于民族的记忆,所以作者感慨说:"真的,灯笼的缘结得太多了,记忆的网里挤着的就都是。"

提问1:什么叫"挤着"?

预设:"挤着",就是拥挤的意思,具有拟人的意味;生动形象地写出了关于灯笼的回忆实在太多了,在脑海中你挤我、我挤你,仿佛都盛不下了。

指导朗读:"真的,灯笼的缘结得太多了,记忆的网里挤着的就都是。"

提问2:"记忆的网",网住的是回忆,沉淀的是什么?

预设:是爱。作者爱灯笼,就是温馨的家园、淳朴的民风和亲爱的祖国。所以作者说:"连活活的太阳算着,一切亮光之中,我爱皎洁的月华,如沸的繁星,同一支夜晚来挑着照路的灯笼。"是的,连"活活的太阳"都不能遮挡灯笼在"我"心中绽放的光芒,因为灯笼里面承载的爱,太多太沉了!

(四)灯笼之"志"

提问1:正是基于着浓厚的爱,作者还想成为灯笼下的马前卒。"我愿就是那灯笼下的马前卒"。什么是"马前卒"?

预设:马前卒:旧时指在马前供奔走役使的人,现用来比喻在前面奔走效力的人。

提问:"在前面"表现了作者什么样的气势?(一马当先,当仁不让……)

预设:作者心中涌动着强烈的爱国情怀,热切希望冲上前线,奋勇杀敌,打击日寇。

提问:为谁"奔走效力"?(为祖国,为人民。)

提问2:作者为什么在当时要表达这样的志愿?

展示本文写作背景:

本文写于20世纪30年代,中华民族多灾多难:强敌压境,领土被蚕食,人民屈辱地生活着。

而1931年9月18日夜,日本侵略者发动了九一八事变。"九一八"的炮火不仅震碎了壮丽的祖国河山,也击破无数士的美好幻想,其中就包括吴伯箫。

试想一下,如果国家不能够独立、强盛,那么作者深爱的家园和乡土还能存在吗?

预设:《孟子》有言:"天下之本在国,国之本在家,家之本在身。"在中国人的精神谱系里,家是国的基础,国是家的延伸,国覆灭,家安在? 所以为了亲情和乡情,更为了对祖国的一腔热情,作者愿意一马当先,不惧险阻,去实现民族的解放和复兴! 这就叫保家卫国! 这就叫家国情怀,这就叫一代知识分子济世救民、匡扶天下的担当精神!

所以,灯笼不够,应该用火把,用探海灯,用燎原的一把烈火,烧毁一个旧世界,迎来一个新时代!

让我们带着这股豪情,一起朗诵最后一段:

生1:最壮是塞外点兵,吹角连营,夜深星阑时候,将军在挑灯看剑,那灯笼上你不希望写的几个斗方大字是霍骠姚,是汉将李广,是唐朝裴公么? 雪夜入蔡,同胡人不敢南下牧马的故事是同日月一样亮起了人的耳目的。

生齐:你听,正萧萧斑马鸣也,我愿就是那灯笼下的马前卒。

师生:唉,壮,于今灯笼又不够了。应该数火把,数探海灯,数燎原的一把烈火!

(五)写法探究

由一枚小小的灯笼,作者从自己的经历写到家国情思,历史感怀,大家思考一下,这是什么写法?

灯笼就是本文的线索。本文以灯笼为明线,串起了对亲人、乡土的回忆,以及对历史的遥想;以情感为暗线,表达了对亲情、乡情的怀念,最后激发出博大的爱国情。一盏小小的灯笼,承载了如许多的内容和情感,这种写法叫作"以小见大"。

(六)教师寄语

所以,我说,愿这一盏灯笼,带我们,找回精神的家园:

那里,有熙然的庭院,有诗意的乡土,更有那多难而伟大的祖国!

蜡泪不干,温情不散!

烛光不灭,薪火永传!

四、课后作业

1. 完成《随堂学案》;

2. 推荐阅读吴伯箫的散文《马》,体会作者炽热的思乡情和爱国志。

五、简要评析

深入钻研教材、了解学生,一切从实际出发:

教材是学生学习、教师教学的依据,如何用好、用足教材,让学生喜欢教材、喜欢学习,是首先值得考虑的问题。在对教材、教参深入研究后我发现新教材更注重培养学生通过各种方法理解词语的能力,注重学生对课文独特的感受及表达。

所以在备课时,我深入钻研教材,反复诵读,运用还原法、比较法等方法,对文章进行深入分析。

比如,在分析第3段的"祖孙情深"时,我是这样做的:

提问:还原法分析:"忘路之远近"是引用陶渊明《桃花源记》中的句子,意思是"忘记走了多远"。想想在我们的生活中,什么情况下,我们会"忘路之远近"?

预设:心思被更有趣的事情所吸引,所以不知不觉走了很远,记不清路了。

提问:文中的"我"的心思被什么所吸引了?

预设:被祖父所讲的掌故。

提问:故事内容有趣固然吸引人,但还要讲故事的人声情并茂才会更有意思。想象一下,祖父讲时是声情并茂的,还是疲惫不堪的?

预设:声情并茂的。

提问:可是文中分明写到了"晚年来每每被邀去五里遥的城里说事,一去一整天。回家总是很晚的"。一个老人家,步行五里之遥,帮别人解决问题,一去一整天,回家总是很晚。祖父应该是怎样的?

预设:疲惫不堪。

提问:这种矛盾,怎么理解?

预设:因为祖父爱我,所以看到疼爱的孙儿来接自己,虽然疲惫,但是也要打起精神来;或者看到孙儿自然有了力气,要给孙儿绘声绘色地讲个故事,体现了记忆中的祖孙情笃。

运用还原法,找出文中的矛盾之处,就更能够切实感受到祖父的深情,"爱"不再是浮于表面的理解。

除此之外,分析第7段时,也运用了还原法。

提问:作者的心情如何? 从哪里看出来?

预设:欢喜,喜悦,从"不觉疲乏"可以看出来。

提问："不觉疲乏"的表现是什么？

预设：还要去看庆丰酒店的跑马灯，猜源亨油坊出的灯谜。家来睡，不是还将一挂小灯悬在床头么？

两个"还"字值得玩味："跟了一条龙灯在人海里跑半夜"，应该"疲乏不堪"了，但作者却说"不觉疲乏"，"还"要去看跑马灯，"还"要去猜灯谜，好不容易回到家里，"还"要把一挂小灯悬在床头，让灯笼进入梦乡，做一个灯光璀璨的美梦。表现了作者对灯笼的痴迷和爱。灯笼装点了乡村的节日，带给村民（作者）无限的快乐。

以上内容，在教学中都收到了良好的效果。

除了还原法，还运用了比较法。比如，在体会作者含蓄蕴藉的语言时，进行了比较：

原句：祖父好，在路上轻易不提斡旋着的情事，倒是一路数着牵牛织女星谈些进京赶考的掌故：雪夜驰马，荒郊店宿，每每令人忘路之远近。

改句：祖父好，在路上轻易不提斡旋着的情事，倒是一路数着牵牛织女星谈些进京赶考的掌故：熙成，今天我给你讲一个秀才进京赶考的故事吧：应该是在一个下着雪的夜晚，白雪皑皑，反射着天上月亮的清辉。一个面相清秀的秀才，独自在雪原上驾马前行，不惧怕风雪一路驰行。直到到了一个荒凉的郊外，雪越下越大，无法前行，没有办法，只好在一家旅店里投宿……每每令人忘路之远近。

这两种讲法有什么不同？课文中两个四字短语对故事内容进行高度概括，语言简洁典雅。而想象的这种修改句，语言比较口语化，还原了生活中的场景，就是有点啰唆。祖父讲什么不是最重要的，最重要的是祖父怎么讲的。所以故事的具体内容没有必要赘述，让学生感悟到本文语言典雅蕴藉的特色。

《一滴水经过丽江》教学案例

【教学目标】

1. 了解丽江的自然风景和人文风情，感受其美丽淳朴，厚重和谐。

2. 把握课文新颖构思独特视角，理解这种写法的妙处，体会作者的感情。

3. 品味作品的语言，学习作者运用表达方式的技巧。

【教学重点】

体会作者感情,品味作品语言,学习作者运用表达方式的技巧。把握文章写法并体会其表达效果。

【教学难点】

把握文章写法并体会其表达效果。

【教学方法】

讲授法、诵读法、评点法、比较法、问题探究法、读写结合法。

【预习任务】

1. 阅读单元提示、课文提示,认读学写生字词。

2. 通读课文。

3. 借助网络查阅"云南旅游攻略"。

【教学过程】

一、导入课文

每逢春夏将至,在风和日丽的时光里,我总喜欢翻看九年前游览云南丽江时拍下的旧照片——古城的灵动、虎跳峡的恢宏、茶马古道的旖旎仿佛历历在目。我在光影中重温那磅礴大气又雅致绮丽的风光,反复咀嚼"美"的真味,收获心灵的安宁。

今天我愿意与同学们一起,走进作家阿来的游记,跟随一滴水,再去丽江游览一番。请同学们翻开课本到 108 页,看到第二十课《一滴水经过丽江》。(板书课题)

二、寻"美"丽江

(一)同学们用五分钟浏览课文,做好两件事

(1)标注自然段序号。

(2)按照顺序找出"一滴水"都经过了哪些地方,并在原文中进行圈画。

(二)生回答,师板书

(预设)生:一滴水先到达玉龙雪山。

师:嗯,这滴水最初是在雪山峰顶俯瞰。(板书:玉龙雪山)

师:接下来呢?

生:丽江坝。

师:对,又经过了一个美丽的大盆地。(板书:丽江坝)

师:然后呢? 这滴水又到了哪儿?

生:然后又到了黑龙潭。

师:对,它和很多滴水从象山脚下的黑龙潭冒出来。(板书:黑龙潭)
请同学们继续——

生:接下来这滴水经过了四方街和古城水车。

师:这可是丽江古城的地标。(板书:四方街和古城水车)

生:这滴水又经过了一些特色小店、三坊一照壁的院子和茶楼酒吧。

师:你一气儿说了三组,你很棒!(依次板书学生的答案)

生:最后,这滴水来到了喧腾奔流的金沙江。

师:嗯,然后它跃入江流,奔向大海。(板书:金沙江)

师板书并粘贴手绘图标,再将刚才的所有地点连缀成一幅丽江地图。

师:同学们,作者用这一滴水作为时空线索,串联起整个游记,使我们身临其境,一览丽江概貌。大家现在肯定是意犹未尽,那我们再来场深度游吧,你最喜欢这一滴水去到的哪个地方呢? 为什么? 请先小组内讨论,然后全班分享。

三、探“美”丽江

(一)小组讨论

你最喜欢一滴水去到的哪个地方呢?

(二)全班分享

(预设①)生:我最喜欢去丽江坝的路上。因为非常美!

师:作者是如何描写的,你能给同学们读读吗?

生:“一路上,经过了许多高大挺拔的树,名叫松与杉。还有更多的树开满鲜花,叫作杜鹃,叫作山茶。”

师:好,谢谢你,请坐。如果老师把这句话改为(屏显)“一路上经过了许多高大挺拔的松树和杉树。还有更多的开满杜鹃花和山茶花的树"。大家觉得好吗？你觉得好吗？

生：不好。还是原句好。

师：哦？为什么？

生：我觉着改后的句子太长，有点儿啰唆。原句用了几个短句，显得很简洁。

师：你从句子的长短角度来分析，非常好。同时我们也可以感觉到短句读来朗朗上口，更加富有诗意。其实阿来的很多作品的语言都具备诗歌的韵律美。因为他的创作是由诗歌开始的（屏显阿来简介）也更能传达出这滴水扑向山下的欢悦。请全班齐读这句话，用你们的声音去传达这欢悦吧！

（预设②）生：我喜欢几百年前的丽江坝。（生朗读第三段中后部分）我通过一滴水的视角了解到丽江古城始建于明代。我喜欢古城的历史悠久。

师：是古城的深厚底蕴吸引了你！老师敢肯定，你在旅行中一定特别钟情人文景观吧！你通过这一小段都了解到了丽江古城哪些方面的内容呢？

生：建造时间、建造人，还有让古城声名远播的人和方式。

师：你的概括非常精准，老师敢肯定，你在旅行中一定更钟情于人文景观。

（预设③）生：我最喜欢黑龙潭。因为当一滴水从象山脚下的黑龙潭冒出来的时候，已经过去了几百年了，让我觉得非常奇幻！它看到了很多人，有中国人也有外国人。丽江也不再是丽江坝了，而是一座很大的城了。

师：嗯！看来你是喜欢丽江的国际性，同时也钟情它悠久的历史底蕴对吗？丽江在它百年的发展后已名扬四方，令全世界人民神往。我们来读读试试，把这种自豪感读出来吧。（生读）

师：大家读得非常好！老师感受到了作者在字里行间流露出的民族自豪感。同学们，一滴水见证了丽江古城的沧桑巨变，更见证了丽江人民与自然和谐共处的祥和氛围。正是因为一滴水的永恒，才为我们带来这样奇幻的旅程和非凡的体验。

（预设④）生：我最喜欢四方街，因为那里有大水车。

师：哦？你为什么喜欢大水车呢？

生：因为我觉得大水车是丽江古城的一个地标。而且这个大水车很有趣。

师：怎么有趣了？

生：因为这滴水撑着水车车轮缓缓升高，就能看到很多美景。

师：你说的好像自己在坐摩天轮啊！哈哈！水滴都看到了什么？你能为同学们读一读吗？

生："我乘着水车车轮缓缓升高，看到了古城，看到了狮子山上苍劲的老柏树，看到了依山而起的重重房屋，看到了顺水而去的蜿蜒老街。古城的建筑就这样依止于自然，美丽了自然。"

师：你看这个句子有什么特色？

生：这是一个排比句，突出强调了四方街周围的美丽景色。增强语势。

师：可是似乎，这种强调意味你读的一般呢。我能给你师范一遍吗？（师示范，生再读）你能再读读吗？嗯，这一遍要好很多了。老师发现有一个词，你重读了，你读得很恰当，是"美丽了自然"的"美丽"，可是这个词是不是用错了，应该是"自然美丽"。这里"美丽了自然"，什么意思？

生：意思是使自然美丽，是活用，比使得自然美丽要新颖。

师：说得非常好，这样的用词使表述简洁又具备诗歌的韵味，希望同学们能够运用到自己的习作中去。

（预设⑤）生：我最喜欢的是这滴水最后流到城外的果园和田地里。我觉得那里太美了，夜景美，"一些薄云掠过月亮时，就像丽江古城中，一个银匠，正在擦拭一只硕大的银盘"。在这里作者运用了一个比喻，把"薄云掠过月亮"比作"银匠擦拭银盘"，特别形象。而且丽江确实有做银器的小店，所以我觉得特别贴切。

师：你分析得太精彩了。这月皎洁，这夜静谧，这澄澈的旷野和热闹的古城一静一闹，饶有趣味又不失和谐。怎么能不吸引全国甚至全世界的人们前来游览寄居呢？而身临其境的我们应该感谢这一滴水，正因为它的灵动，我们的深度游才如此自由、顺畅，不是吗？

（三）师小结

同学们，我们跟随作者化身的"一滴水"的旅行贯通古今，由上而下。同时，在第一人称口吻自述中，我们似乎也跟作者一样变身成了他的兄弟姐妹——千千万万永恒不息的水滴,为丽江点赞喝彩,为祖国骄傲自豪。最后我想和同学们一起,把这激动的情、清澈的爱,借助声音再次传递!(齐读最后一段)

(四)师小结写法

(1)用"一滴水"贯通古今,由高而下,容易将时间和空间两条线索结合起来。

(2)用"一滴水"贯穿全文的好处是获得了自由的视角。

(3)用"一滴水"这样一个人格化的文本抒情者,增加了文章的抒情性,使得感情抒发更加真切深挚。

四、"共美"济南

今天的旅行即将接近尾声,让我们将目光自遥远的丽江收回,注视自己脚下的这一片土地——泉城济南。我们生于斯,长于斯,难道不应为它写点儿什么吗?

如果请你用一个事物作为线索来完成一篇写济南的游记,你会选什么呢?为什么?

(预设)生:我选择一滴水,因为济南是"泉城",也拥有发达的水资源系统。

生:我选择一片柳叶,因为叶子可以随风上下翻飞……

生:我选择一朵荷花,因为荷花可以顺水漂流……

生:我也选择一滴水,因为济南是著名的泉城,水系发达……

五、作业布置

1. 完成小练笔"_____经过济南"。

2. 推荐阅读:阿来抒情诗集《梭磨河》,小说集《月光下的银匠》。

六、简要评价

导入新课:考虑到很多同学没有去过云南丽江,导入环节我采用展示自己的旧照片导入,给学生一个较为直观的印象,同时借此拉近与学生距离,激发学生的阅读学习欲望。

"寻"美丽江:八年级下学期的中学生,已具备一定的浏览课文捕捉有效信息的能力。所以在这个环节,我的设计意图是通过快速浏览课文圈画"一滴水"经过的地点,完成"了解丽江的自然风景和人文风情"这一目标,同时明确"作者所至"这一游记的基本要素,同时通过教师小结,领悟"一滴水"作为本文线索的作用,同时为下一环节继续分析学习本课独特的写法做铺垫。另外,在这一环节,采用教师按照学生回答手绘地图的形式使得文章脉络清晰直观地展现在学生面前,同时激发学生的阅读学习兴趣。

"探"美丽江:我设计这个环节的意图,是承接上个环节学生已进行的"整体感知",而进行的"细部探究"。在这个环节,我采用"你最喜欢哪个地方"的开放性发问,通过"小组讨论"和"个人分享"这两种形式,完成对"体会作者感情、学习作者运用表达方式的技巧、把握文章写法并体会其表达效果"这一教学重点、难点的突破,同时明确"作者所见所闻以及所感"这两个游记的基本要素。

"共"美济南:这个环节,以"读写一体,读为写用"为基本指导思想,在欣赏品味了美文的基础上,指导学生学习效仿,为我所用。开拓思维,打开视角,提升学生写作水平。

作业布置:仿照课文写法,完成"济南游记"一篇。学有所练,学以致用。推荐阅读阿来的作品,以进一步扩大学生的阅读面,增加学生的阅读量,提升学生语文综合素养。

现代教育强调以人为本,把重视人、理解人、尊重人、爱护人,提升和发展人的精神贯注于教育教学的全过程、全方位,它更关注人的现实需要和未来发展,更注重开发和挖掘人自身的禀赋和潜能,更重视人自身的价值及其实现。所以针对这一篇自读课文,我把学生作为教学活动的根本。以引导学生体会作者感情、品味作品语言、把握文章写法作为重点教学目标。注重发掘学生的审美潜力。主体性理念的核心是充分尊重每一位受教育者的主体地位,"教"始终围绕"学"来开展,以最大限度地开启学生的内在潜力与学习动力,使学生由被动的接受性客体变成积极的、主动的主体和中心,使教育过程真正成为学生自主自觉的活动和自我建构过程。为此,我在这节课上以学生为中心、以活动为中心,以倡导自主阅读、快乐阅读等新颖活泼的主体性教育模式,以点燃学生的学习热情,培养学生的学习兴趣和习惯,提高学生的学习能力,使学生积极主动地、生动活泼地学习和发展。

《阿长与〈山海经〉》教学案例

【学习目标】

1. 知识目标：扫清字词障碍，夯实基础知识。

2. 能力目标：了解文章所记叙的发生在长妈妈身上的生活琐事及所作的详略处理，学习本文围绕中心进行选材的方法。

3. 情感目标：体会本文蕴含的作者的深情。

【教学重难点】

1. 认识阿长的品格风貌和作者的思想感情。

2. 刻画人物的方法。

3. 正确认识阿长性格中的缺点。

4. 对重要语句深刻含义的理解和主题深度的把握。

【教学方法】

针对教材的特点，尊重认知规律，体现教师主导和以学生为主体的课堂地位。引入活动，采用学生在教师指导下的讲讲、读读、议议的方法。

【教学过程】

一、导入

师：大家喜欢听故事吗？上课之前我们先讲一个故事。先前有一个读书人住在古庙里……看见一个美女的脸露在墙头上，向他一笑，隐去了……（好，谁能顺着老师的话把这个故事讲下去）

生：先前，有一个读书人住在古庙里用功，晚间，在院子里纳凉的时候，突然听到有人在叫他。答应着，四面看时，看见一个美女的脸露在墙头上，向他一笑，隐去了。他很高兴，但竟给那走来夜谈的老和尚识破了机关，说他脸上有些妖气，一定遇见"美女蛇"了。这是人首蛇身的怪物，能唤人名，倘一答应，夜间便要来吃这人的肉的。他自然吓得要死，而那老和尚却道无妨,给他一个小盒子,说只要放在枕边,便可高枕而卧。他虽然照样办,却总是睡不着。到半夜,果然来了,沙沙沙!门外像是风雨声。他正抖作一团时,却听得豁的一声,一道金光从枕边飞出,外面便什么声音也没有了,那金光也就飞回来,敛在盒子里。后来呢?后来,老和尚说,这是飞蜈蚣,它能吸蛇的脑髓,美女蛇就被它治死了。

师:这个故事就是阿长讲给鲁迅的美女蛇的故事,鲁迅是我们的老朋友了,为什么呢?因为自从我们上初中以来,与他打过不少的交道,谁能为大家介绍一下鲁迅?

二、文学常识

鲁迅(1881—1936),原名周树人,字豫才,浙江绍兴人,中国现代伟大的无产阶级文学家、思想家、革命家,中国现代文学的奠基人。

知识延伸:在鲁迅的带领下,我们曾经和他一起去故乡放过"风筝",我们还与他一起穿越时空来到他儿时的乐园"百草园和三味书屋",我们还去过他的故乡看过"社戏",不仅如此,他还介绍了他身边的许多人给我们认识,有那个体弱多病的爱放风筝的弟弟,三味书屋那个有点迂腐但也很可爱的先生,故乡活泼能干的双喜,还有百草园里讲美女蛇故事的长妈妈。我们今天要学习的《阿长与〈山海经〉》选自鲁迅的回忆性散文集《朝花夕拾》。《朝花夕拾》里记人为主的文章一共有三篇,我们今天要学习的《阿长与〈山海经〉》的故事就是其中的一篇。值得一提的是,鲁迅从未写过文章纪念他的母亲,却把这么多的笔墨给了一个保姆,专门写了篇文章纪念她。这个长妈妈究竟有什么魅力呢?在她身上发生了哪些故事,让鲁迅无法忘怀呢?今天,就让我们一起走进今天的课堂《阿长与〈山海经〉》。

三、预习反馈

读准字音: 疮疤 惶急 诘问 惧惮 震悚 粗拙 憎恶 絮说

四、开展活动 走进人物

今天我们有一个大型的活动要举行:欢迎大家来到家政服务版"非诚勿扰——把谁带回家"。

首先欢迎在座的各位雇主的到来,今天的活动分三个环节,每个环节结束,你们对于今天的应征者,都有一次选择录用的机会。

五、浏览课文　初识阿长

师:初次见面,先来看一下阿长的个人资料,现在请你浏览课文,初识阿长。为阿长设计一份"个人简历",请为她把个人基本信息填好:

姓名	性别	职业	身形	年龄
阿长	女	保姆	胖而矮	不详

初识阿长:看过一些基本信息后,请做出你的雇用选择:你是否愿意雇用阿长当你的保姆? 不愿意的请灭灯!

六、跳读课文　走进阿长

师:从这份简历中你可以完全地认识阿长吗?

明确:不可以,因为认识一个人首先要了解她的事迹,走进她的内心世界。

跳读课文,概述"阿长的故事"。

1. 课文围绕阿长写了哪几件事? 重点写的什么事?

2. 通过这些事情,可以看出阿长有什么性格特点?

明确:名字来历——睡觉摆"大"字——元旦吃福橘(许多规矩)——讲长毛的故事——买《山海经》

1—18段文章围绕阿长写了她的称呼的由来——写了她喜欢"切切察察"的毛病——写了她的睡相,写了元旦的古怪仪式——写了她一肚子烦琐的道理,写了她给"我"讲长毛的故事——写了她谋害"我"的隐鼠。

19—29段重点是写她给"我"买来了《山海经》。

事情	人物性格
称呼的由来	地位低下
切切察察的毛病	饶舌多事
摆成"大"字的睡相、谋害"我"的隐鼠	粗俗、不拘小节
元旦的古怪仪式	迷信、渴慕平安

续表

事情	人物性格
一肚子烦琐的道理	无知、纯朴
讲长毛的故事	
给我买《山海经》	热爱、关心孩子

师:通过概述阿长的故事,我们明白了这是一个_____的长妈妈。

综上所述,我们认识到的是一个:没有礼貌、没有文化、不文明的阿长的形象。

明确:阿长是一个很不幸而又热望一生平安的劳动妇女,她没有文化、粗俗、好事,而又心地善良、热心帮助孩子解决疑难。

再评阿长:经过进一步的了解,请做出你的雇用再判断:你是否愿意雇用阿长当你的保姆? 不愿意的请灭灯!

灭灯的请说明理由:阿长的哪一件事你不太喜欢?

七、品读课文 点评阿长

通过概述阿长的故事,对阿长的性格特点有了进一步了解,下面我们来采访一下阿长的前雇主——鲁迅先生,看看前雇主鲁迅对阿长的态度如何? 他对阿长的保姆工作是否满意?

师:文中"鲁迅"对阿长的感情发生了哪些变化? 请找出鲁迅对阿长情感态度变化的关键词。

明确:不大佩服(最讨厌)——非常麻烦,不耐烦——空前的敬意——逐渐淡薄,完全消失——新的敬意。

师:想一下为什么鲁迅会对阿长产生新的敬意? 看到他后面的一句话,"别人不肯做,或不能做的事,她却能够成功"。怎么理解? 带着这个问题详读一下关于买《山海经》的这一部分,文章的19—29段,解决刚才提出的问题。读完四人小组可以讨论一下。

(1)分析两个敬意:

问题一:那又是怎样的长妈妈让鲁迅两次产生敬意呢?

明确:拥有伟大神力的长妈妈。

问题二:这两个敬意和神力在词典内是一样的意思,而在文章中表现出的是同样的情感吗?

明确:不是。第一个敬意源于长毛的故事,而这是个荒谬的故事,但长妈妈却讲得一本正经,看出这个长妈妈很迷信、愚昧。也可以看出鲁迅这里是有反讽、调侃的意思。而第二个敬意源于买《山海经》,实现了孩子心灵上的渴望,看出了一个爱孩子的长妈妈。鲁迅对她的敬意是真的敬意,一种感激之情。

(2)鲁迅先生从不大佩服,甚至是最讨厌长妈妈,到最后产生了新的敬意,他想要赞美长妈妈,却花费了这么多的笔墨绕了这么多的弯子,这种写作手法就是——欲扬先抑。

写作手法:欲扬先抑

欲扬先抑——抑扬法技巧的一种。这种构思文章的方法从贬抑处落笔,在褒扬中结束全文。多用于表现正面人物和要加以肯定和赞扬的事物,也用于烘托气氛。

能不能把题目改成"长妈妈与《山海经》"?

《阿长与〈山海经〉》前一部分所写的人物行状,多用抑笔,又是"不大佩服她",又是"讨厌",又是"不耐烦",又是"麻烦",倘若用"妈妈"称呼,名实不符,用"阿长"称呼,名副其实。所以,这个题目其实标示着文章的一半是抑笔。再则,阿长和《山海经》,又是一个看似矛盾的联系,一个文盲妇女与一本古典名著怎么联系起来了呢?有什么联系呢?令人好奇。最后,作者写此文已46岁了,这时的口气宜用"阿长"称呼,而"阿"字又有亲昵的意味。

八、回味课文　怀念阿长

值得一提的事,鲁迅从未写过文章纪念他的母亲,却把这么多的笔墨给了一个保姆,专门写这篇文章纪念她,就是这位阿长。一位普普通通的连姓名都不为人所知的阿长,鲁迅却在文章中却对她充满了无尽的感激与怀念之情。

鲁迅先生的情感通过一句话得到了升华,这句话就是:

明确:深沉的怀念,"仁厚而黑暗的地母啊,愿在你的怀里永安她的魂灵"。

让我们融情入境,有感情地朗读一下这句话。

师：大家有没有想过，现在写这篇文章时，鲁迅已经不是儿时的"我"了，而是一个40多岁的成年人，为什么鲁迅会在隔了那么多年以后，在他40多岁时才想要写这么一篇文章怀念阿长，怀念他的长妈妈？

明确：交代写作背景

师：45岁的鲁迅久病初愈。他家是绍兴的，从踏入社会就在外面辗转奔波，面对一个陌生的环境，他感受到了当时现实社会中的严酷与寂寞，在现实中得不到的，只能借回忆少年生活写点文章来自我安慰，来获得一些温情，一些力量。

让我们融情入境，再一次有感情地朗读30、31段（其中30段读一遍，31段连读三遍）。体味文字中那复杂而深沉的情感。

情"定"阿长。好的，经过多方面了解，下面是最后一次选择机会，请做出你的雇用终决选：你是否愿意雇用阿长当你的保姆？不愿意的请灭灯！

课文主旨：

作者通过忆述儿时与保姆长妈妈相处的情景，真实、生动、鲜活地写出了饶舌多事、不拘小节、乐于助人、有点迷信、有点俗气的长妈妈，表达了作者对长妈妈的尊敬、感激、思念之情。

九、学有所获　知识梳理

(1)作者在刻画阿长时充分采用了外貌、神态、动作、语言描写，让人物形象丰富起来。

(2)一种写作手法：欲扬先抑，使描写的人物——阿长给人意外的惊喜和惊叹，起到出乎意外的效果，使人物形象更加真实可感、鲜明突出。

(3)文章要围绕中心进行选材，事例要详略得当。

十、拓展延伸

寻找"阿长"——回想身边的"阿长"

你觉得阿长像身边的谁？是年迈不识字的祖母，嘘寒问暖的母亲，爱唠叨的老师，还是好管闲事的邻居阿姨……

十一、课后作业

把"阿长"带回家：请以"我身边的'阿长'"为题写一篇作文。要求：

不少于700字;运用"先抑后扬"的写作手法;注意详略得当。

最后推荐大家阅读一首充满感情的诗歌:艾青的《大堰河,我的保姆》。

教师寄语:感恩的心

生命就是一个交集,人生在世总有许多的人和事在我们的生命历程中走过,总听到有人抱怨生活的忙碌,让忙碌尘封了自己那颗感恩的心。让我们学会感恩,让我们拥有一颗感恩的心,让我们用一颗善良之心、感恩之心体察我们身边的每一个人!

十二、简要评析

《阿长与〈山海经〉》是人教版八年级语文上册第二单元中的一课。上课伊始,由学生曾经学过的《从百草园到三味书屋》中"美女蛇"的故事导入,讲述者为故事的主人公就是"阿长"。引领学生共同回顾:在鲁迅的带领下,我们曾经和他一起去故乡放过"风筝",我们还与他一起穿越时空来到他儿时的乐园"百草园和三味书屋",我们还去过他的故乡看过"社戏",不仅如此,他还介绍了他身边的许多人给我们认识,有那个体弱多病的爱放风筝的弟弟,三味书屋那个有点迂腐但也很可爱的先生,故乡活泼能干的双喜,还有百草园里讲美女蛇故事的长妈妈。

在成功激趣、创设情境后,引领学生回顾了有关鲁迅先生的文学常识和字词的落实情况,之后顺理成章地对文本展开了解读。课文的解读主要由四个部分组成:浏览课文,初识阿长;跳读课文,走进阿长;品读课文,点评阿长;回味课文,怀念阿长。对文本的解读很好地服务了教学目标,了解了文章所记叙的发生在长妈妈身上的生活琐事及所作的详略处理,学习了本文围绕中心进行选材的方法,体会了鲁迅先生对长妈妈深沉的怀念之情。生命就是一个交集,人生在世总有许多的人和事在我们的生命历程中走过,我们身边会有无数的"阿长"走过,通过这堂课的学习,我相信我的学生一定会在结束语"感恩的心"的陪伴下,以一颗善良之心、感恩之心体察我们身边的每一个人!

第四节 《苏州园林》教学案例

一、激趣导入,切入文本

(1)播放《苏州园林》摄影集的图片,让学生感受美。

(2)上课前,给大家播放一组图片,这些图片出自于《苏州园林》摄影集,看完之后,请跟大家交流一下你的感受。

(3)学生交流。这些摄影集里的美景让我们目不暇接,但同时也有点眼花缭乱。其实美也是有层次和逻辑的,我们应该如何去欣赏,从哪些角度去赏析呢? 接下来我们就去读一读它的序言,它其实也是一篇非常有实用价值、语言优美的说明文。

二、自主学习,词语识记

(1)出示字词,找同学读一读,看看大家预习得如何。

(2)这些画线字词在字音、字形或者词义方面都有易错点和难点,大家仔细看看有没有好办法来记住它。

(3)根据提示,将四字词语填写完整。(学生板书)强调"心"是心中的意思,"制宜"是制定适宜的办法的意思,根据意思记住字形。

三、探索结构,把握顺序

(1)学生接读课文,并思考:每一段的中心句是什么?

(2)学生找中心句。齐读句子。

(3)我们看看这些句子,这篇文章的说明对象是什么? 整体特征是什么?

(4)作者从哪些角度来说明苏州园林的图画美这个特点的呢?(四个主要角度,三个次要角度)

(5)这几个段落是先写主要角度,再写次要角度,在说明文当中,这样的顺序就叫作从主要到次要的逻辑顺序。我们再看整篇文章,第二自然段从整体上说明总特征,然后再从局部上分七个角度来说明苏州园林的图画美,这在说明文中就是由整体到局部的逻辑说明顺序。

四、辨识方法,凸显特点

(1)苏州园林像图画一样的美,能不能只用这几个句子说清楚?当然不能,还需要一些具体的句子来说明和阐述,这些具体的句子用了什么方法来凸显苏州园林的这些特点呢?我们选取几个典型的句子,一起来揣摩揣摩。

①高树与低树俯仰生姿。落叶树与常绿树相间。

A. 指导学生朗读,这个句子是在描写什么?(树)树的什么?(树的形状和外貌、生长状态,这是树的特点)像这样的句子,通过描写它的形状、面貌来说明它的特征的,在说明文中就叫摹状貌。

B. 把它放到段落当中,它的位置在哪里?(在中心句之后)这句话的作用是什么?(这句话是为了具体说明苏州园林的树木着眼在画意这一个特点)

C. 再看看这个句子在用词上有什么特点?("俯仰生姿"一词的使用,使得这句话更加的生动形象)

D. 小结:这句话运用了摹状貌的说明方法,通过写苏州园林中树的形态、外貌,具体生动地说明了苏州园林栽种和修剪树木也着眼在画意的特点。

②没有修剪得像宝塔那样的松柏,没有阅兵式似的道旁树。

用同样的方法分析这一句:

A. 说明对象是谁? B. 在整体段落当中,这句话是为了说明什么? C. 句子用了什么方法呢? D. 这句话运用了作比较的说明方法,用苏州园林当中的树与松柏、道旁树作对比,具体、突出地说明了苏州园林栽种和修剪树木也着眼在画意的特点。

(2)小结:纵观十种说明方法,它们的共同点都是为了把说明对象的特点说得更加清楚明白,摹状貌和作比较也不例外。同时摹状貌能够使语言更加的生动形象,而作比较能够使说明对象的特点更加突出。

(3)文中还有很多这样的句子,你还能再找出来吗?试着找一找,先判定说明方法,然后想想它的作用是什么,写在我们的导学案上。(经典品析,第10题之后)

(4)学生交流,重点在表达作用上。

五、总结所学,学以致用

叶老先生用条理清晰的结构、由主到次的逻辑顺序、恰到好处的说明方法、准确生动的语言引领我们如何去欣赏苏州园林的美,也提醒我们在看摄影集、参观博物馆、欣赏古老建筑的时候,别忘了去看看它的序言、听听关于它的讲解,或许我们会参透更多美的奥秘。

《苏州园林》课标分析:

《苏州园林》是说明文单元的第二课,从教材的编排位置来看,它体现了循序渐进、学以致用的教学规律。作为初二的学生,已完成了从小学到初中的衔接与过渡,良好的学习习惯与思维方式正逐渐形成。而且说明文已学过,学生有了一定的说明文语感,同时也初步掌握了说明文的有关知识,如说明的方法、说明的顺序等,但仍需继续加强巩固提高。

据此我根据教学大纲"要求整体感知课文,体会作者的感情,理解课文的内容和思路,领会词句在语言环境中的意义和作用"的要求,把本文的教学目标确定为:

(1)知识和能力:扫清文字障碍,理清文章思路,把握本文逻辑的说明顺序。这是本节课的重点。

(2)过程和方法:培养学生良好的学习习惯,提高学生赏析品味文章、段落、语句的能力;通过辨识说明方法,理解说明文文体特点(运用说明方法,突出说明对象的特点)。

(3)情感、态度和价值观:引导学生了解苏州园林的主要特色,培养他们的审美情趣,提高欣赏能力以及对祖国秀美园林、壮丽河山的热爱之情。

《苏州园林》是一篇准确地把握了客观事物特征的优美的说明文。它介绍的不是苏州某个园林的情况,而是所有园林的共同特色,所以,它不像一般介绍某个地方的说明文那样按照游览的路线进行叙述,而是在高度概括的基础上从全局到局部,从大的显眼的事物到小的不显眼的事物,分项进行叙述。据此,我把本文的教学重点确定为:把握本文逻辑的说明顺序。教学难点确定为:通过辨识说明方法,理解说明文文体特点,即运用说明方法,突出说明对象的特点。

六、《苏州园林》课后反思

《苏州园林》是叶老一篇典范的说明文,文字通俗易懂。既高度概括了苏州园林建筑的成就,详细介绍了园林建筑的布局,又分析了园林建筑的原理,写得情文并茂,趣味盎然。所以抓住本篇文章学习,是巩固说明文知识的绝佳选择。所以,此课的教学目标定为"理清文章思路,把握本文逻辑的说明顺序。培养学生良好的学习习惯,提高学生赏析品味文章、段落、语句的能力;通过辨识说明方法,理解说明文文体特点"。教学方法以学生质疑、教师点拨为主,力求让学生在自己动脑、动手、动口的过程中提高语文能力。

《苏州园林》一课的教学设计,教学上的重点和亮点在于夯实双基。学生的基础知识和基础能力是每一节语文课的重点,我的设计力求每一节课都能让学生学有所获,这节课也不例外。字词识记环节我提醒学生结合课下注释,培养学生利用一切学习资源的习惯,根据词语意思识记字形,这个方法简单易行,同时和考试题型也契合。

以课文内容为依据,学习如何理解课文内容,如何把握读懂文章的方法,可达到举一反三的效果。比如,说明方法的判定和表达作用的学习,让学生明白判定的方法和表达作用的回答步骤,以课文为依托,掌握应对考试题型的方法,授之以鱼不如授之以渔,希望通过每节课的点滴学习让学生在积累中掌握语文学习的技巧。事实证明,学生能够学会,多加练习,相信会熟练掌握。

本节课也有不足之处,我个人认为学生动手的机会比较少,课堂练习的机会也比较少,只能放到课后当成作业来练习。在这一点,我会继续研究设计,争取有更高的课堂效率。

第五节 《最苦与最乐》教学案例

【教学目的】

1. 学习课文在论述过程中展现中心论点的写法,了解作者是如何阐述"最苦"与"最乐"的。

2. 品味作者"平实而又略带书卷气"的语言风格,培养学生的思维能力和语言表达能力。

3. 让学生在对苦与乐的讨论中,培养对自己、对他人、对社会的责任感,树立正确的人生观、价值观。

【教学重点、难点】

重点:对人生观的思考,对责任的思考。

难点:苦乐观的深刻内涵。

【教学过程】

一、导入

上帝为了体察民情,到人间来走一走。当他经过一间破旧的房子时,听到房子里传来朗朗的笑声。他很好奇,敲开门问房子的主人:"你们家那么贫穷,怎么还那么开心呢?"房子主人说:"我们只是没有钱罢了,为什么不快乐呢?"上帝听罢陷入了深深的思考。

师:相信大家跟上帝一样陷入了思考。是呀,难道只有金钱才能带来快乐吗? 这节课我们一起来学习一篇文章,看看梁启超有着什么样的苦乐观。

板书:最苦与最乐

二、大声朗读课文,标出疑难字词

PPT 出示字词,学生读、记。

三、作者怎么来分别写"最苦"与"最乐"的呢?

(一)最苦

(1)作者认为"最苦"的事情是什么? 从原文中找出表达作者观点的句子。

生:我说人生最苦的事,莫苦于身上背着一种未来的责任。

(2)问题:"身上背着一种未来的责任是最苦的"这一观点是怎么提出来的呢?

学生找出:第一段:设问句(追问:一个设问句吗? 作用?)

明确:一组简短的排比设问句,急促而有力,引发思考。贫困老死作为痛苦,这是一般人的观点,先否定它们,再提自己的观点就不突兀,水到渠成。

（3）师问：第二段又对第一段"为什么贫困老死不是最苦"进行了解释。

"人若能知足，虽贫不苦……"（全班齐读）

（4）作者又运用了一个比喻句来形象地描述这种肩负责任的痛苦状态。

生："几千斤重担压在肩头。"（生读——谈体验——再读）

设问句——改为陈述句（生读）

效果：不生硬，如话家常，如面对面交谈。（引导学生体会）

（5）师：作者又进一步列举了责任未解除的种种情况及由此而产生的痛苦状态。

生："答应人办一件事……因为对于他的责任还没有解除呀。"

生读——谈体验（找自己的影子）——再读（生动形象，生活中常见，易接受）

总结语言风格：平实，如话家常。

（6）身负责任带来的苦，仅仅针对个人而言吗？

学生："不独是对于一个人如此，就是对于家庭，对于社会，对于国家，乃至对于自己，都是如此。"

作者将这种情况延展到对家庭、社会、国家乃至自己，使议论更加深入。

（7）师：所以，作者说这样的责任"一日未尽，一日受苦；一生未尽，一生受苦"。

小结：在"最苦"这一部分，作者先通过一组设问提出自己观点，然后用生动的比喻句对自己的观点加以解释，并以平实的语言，如话家常般地列举了生活中常见的此类情况及感受，进一步深入阐述"最苦就是未尽责任"。

板书：未尽责任——最苦

（二）最乐

过渡语：在论证"负责任是最大的痛苦"的基础上再来论证"尽责任是最大的快乐"就容易了。

请大家仿照我们一起分析"最苦"部分的方法，小组讨论一下，作者是如何来论述"最乐"部分的？

生讨论，找学生来说，师补充提问。

(1)问题:为什么要引用古语和俗语?

学生发言,组员补充。

明确:用来比喻尽了责任后的轻松和愉快,真可谓不可言喻,进一步说明"最乐"的感受。

(2)作者发出了一句"最乐"的感慨?

"到责任完了时,海阔天空,心安理得,那种快乐还要加几倍哩!"(生读)

语言:"海阔天空"概括性很强,"哩"口语化,娓娓道来。

(3)师:作者进一步论述,什么样的乐才是真的乐?

生:苦中得来的乐。(文中原话:"人生须知道负责任的苦处,才能知道有尽责任的乐处。")

师小结:作者由此得出来一个结论,只有明白了"苦中得来的乐才是真乐",那么才能做到"处处尽责任,便处处快乐;时时尽责任,便时时快乐"。这也就是引用孔子的话"无入而不自得"的境界。(君子无论处在什么境遇都能保持安然自得)

板书:尽了责任——最乐。

(三)第三层

(1)问题:前面四段,写了很多尽个人责任得来的快乐。人们都说"有什么样的胸怀,就有什么样的成就",那么,圣贤豪杰与普通人的尽责之旅有何不同?

学生:"君子有终身之忧。""常要把种种责任来揽在肩上……从没有放下的时节。"

(2)讨论:为什么"从没有放下的时节"?

找多名学生说,其他同学补充。(结合历史人物的事例)

预设:生会提到白求恩、邓稼先、周恩来等。

(3)师总结:(升华一段话)

这些人时时刻刻把人民放在心上,他们不觉得承担责任是苦,苦中有真乐。

(4)师补充举例:

教材中例子:白求恩(以救人为己任,战火中,心中装着中国百姓,不远万里,来到中国抗战前线,挽救了无数中国人性命,具有国际主义精神)

社会中例子:支月英(以育人为己任,扎根深山三十六年,牺牲自我,成全万千家庭)

师小结:人生在世,谁无忧乐?他们最难能可贵的是,把责任发挥到极致,展示出一种境界的高度。所以《感动中国》节目中,我们看到支月英在和深山里的孩子在一起时脸上始终是带着微笑的。《邓稼先》中的最后一句,杨振宁说:"如果稼先再次选择他的人生的话,他仍会走他已走过的道路。因为,他们得到了这苦中的真乐。"

(5)文章到此似乎应该结束了,但是作者知道,一些读者思想上还有一个结没解开:既然负责任是痛苦的,那么不负责任不就没有痛苦了吗?

问:作者用一句话告诉我们,这样推卸责任是不行的,哪句话?

生:责任是要解除了才没有,并不是卸了就没有。

师:既然这责任反正也逃不掉,不如去尽责任。只是,责任大小不同,获得的快乐大小也不同罢了。原文中的话是:"尽得大的责任,就得大快乐;尽得小的责任,就得小快乐。"(齐读)

四、图表小结

(本环节主要引导学生梳理文章思路)

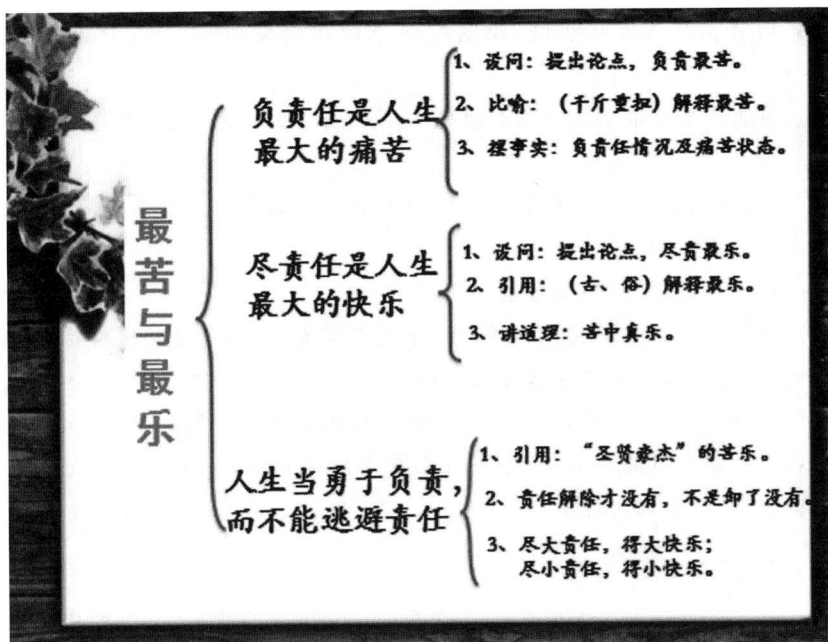

五、总结本文写作风格(逻辑严密,语言畅达)

梁启超一生写作了大量的政论文,形成了独具特色的"新文体"风格。梁启超对此有过说明:"务为平易畅达,时杂以俚语、韵语及外国语法,纵笔所至不检束。……然其文条理明晰,笔锋常带感情,对于读者,别有一种魔力焉。"

《最苦与最乐》这篇文章亦秉承其一贯的写作风格,论证严密,环环相扣而又平易畅达。

本文作者是著名政治家梁启超,他所处的时代社会动荡不安,国家积弱积贫,他以笔为武器,来呼唤民主,追求变革,再造一个新的中国。苦和乐都与天下相关,以一身而行,佩服。

梁启超拥有着时代赋予他的责任和自己对于自身的信仰与追求,那么当下我们的青年呢? 我们作为中学生的责任呢?

六、学以致用

(一)场景描写

小明是班里的长跑健将,报名了本次校运动会,很有夺冠的希望。但是因为赛前每天的训练,小明感觉很耽误功课,所以他试图退出运动会。

身为体委的你,该怎么劝说他呢?(请试着用本文所学谈谈自己看法)
学生写,老师点评。

过渡语:有着什么样的胸怀,就会有什么样的成就。不同年龄段,责任也因之而不同。

(二)设身处地,想象场景

如果你是在美国获得物理学博士的邓稼先,一边是面对美国的高薪聘请,一边是祖国的贫穷落后,你会做出什么样的抉择?

小结:拥有什么样的胸怀,就有什么样的成就。唯愿我们的青年,能够在人生最美好的年华里,许下自己有高度的宏愿,并在未来尽责之路收获真乐后,加以实现。

七、回归文本

能力有大小之分,但是责任需要我们全力以赴地面对。正如文中所说:"尽得大的责任,就得大快乐;尽得小的责任,就得小的快乐。"我们要尽好当下小的责任，好好学习，学会苦中作乐，获得学习进步的小快乐；我们在未来也要努力承担起保护家庭、奉献社会的大责任，并从中获得大的快乐。

八、课堂结语

同学们，长大是一种值得期待的过程，而这一过程，显然不是一帆风顺的，其中注定有风有雨，那么，我们就要深思，到底以什么为底线来评判，你应该建立怎样的忧乐观，怎样地去做好应做的事情。我想同学们应该有了答案。那么就让我们在尽责的同时感受人生的最乐吧！

让我们再次重温与感受梁启超在《少年中国说》中寄语我们中国青少年的希望与责任吧！

齐读《少年中国说》，读出气势！

故今日之责任，

不在他人，而全在我少年。

少年智则国智，

少年富则国富；

少年强则国强，

少年独立则国独立；

少年自由则国自由；

少年进步则国进步！

九、简要评析

阅读教学中的教材文本，从独立的文学作品变成课文，承载了对教育思想、新课程标准的诠释，对教学内容的安排。教师角色的特点，决定了教师与文本对话又有其特殊性。这就要求教师在引导学生解读文本时，需从文本、作者、读者的视角这三个角度，以新课标为导向，一步一步地潜心研读文本，把握其语言特点及人文内涵。

新课标中指出："在通读课文的基础上，理清思路，理解主要内容，体味和推敲重要词句在语言环境中的意义和作用。"因此，在学习本文时，教师要引导学生理清本文论证结构，把握本文严谨的思路，并通过图表形式对文章结构有更清晰的认识。根据学情的需要，可酌情对文中重点语句进行品读鉴赏，如对本文中引用的古人名言"无入而不自得""君子有终身之忧"等句子进行理解时，需要师生一起讨论推敲。

《最苦与最乐》这篇文章，作为学生接触的第一篇议论文，在文章内容理解上，尤其是对于论点如何一点点展开并深入的，学生在学习过程中是有难度的。新课标中指出："对课文的内容和表达有自己的心得，能提出自己的看法和疑问，并能运用合作的方式，共同探讨疑难问题。"所以，在教法与学法上，要更加侧重学生对文章内容的理解和提问，并将这些疑问带到课堂的小组合作中来解决并达成一致意见。

初一的学生正处于世界观和价值观构建的关键阶段，本单元课文的设置对于初中生"修身正己"起到了很好的启发作用。新课标提出："欣赏文学作品，能有自己的情感体验，初步领悟作品的内涵，从中获得对自然、社会、人生的有益启示。对作品的思想感情倾向，能联系文化背景作出自己的评价；对作品中感人的情境和形象，能说出自己的体验。"因此，对于这篇有着教育和借鉴意义，同时又有着较强时代感的文章，就需要学生边学边调动自身生活体验。例如，在理解文中句子"独是凡人在世间一天，便有一天应该做的事；该做的事没有做完，便像是有几千斤重担压在肩头，再苦是没有的了"时，学生就调动了自己的生活体验，列举了诸如作业没完成、承诺未实现等自己的生活体验，很容易便能理解作者的观点，并为下文作者列举诸多实例的理解提供了便利。

新课标中还指出："阅读简单的议论文，区分观点与材料（道理、事实、数据、图表等），发现观点与材料之间的联系，并通过自己的思考，作出判断。"例如，在文中作者阐述"最乐"部分时，首先亮出观点："自然责任完了，算是人生第一件乐事。"并在下文中引用古语"如释重负"和俗语"心上一块石头落了地"，对这一观点进行解释。教师同样可以引导学生通过调动自身生活体验来对作者观点及材料事例进行判断，从而加强对作者观点的认同，搭建起文本与读者之间沟通的桥梁。

当然，每个人都因所处立场和价值观不同，对什么是苦、什么是乐有着自己的认识。《初中语文课程标准》指出："阅读是学生的个性化行为，不应以教师的分析来代替学生的阅读实践。应让学生在主动积极的思维和情感活动中，加深理解和体验，有所感悟和思考，受到情感熏陶，获得思想启迪，享受审美乐趣。要珍视学生独特的感受、体验和理解。"因此在教授本文时，让学生通过与文本的对话，与老师的对话，以及学生间的对话等方式，引导学生解读文本，获得启迪。教师要大胆引导学生表达自己的观点，在课堂上生成学生思维碰撞的火花。

讲授《最苦与最乐》这篇文章，是富有挑战性的。

　　这篇文章是首次作为七年级教材出现在人教版的语文教材中的。对于执教者而言,面对一群只有十二三岁的孩子谈论"责任"这一沉重话题,难免有些难度。同时,又是非常有必要的,因为这篇文章出现的契机很合适。七年级的学生,对学校已经较为熟悉,学习任务也不是很重,总想做点什么事证明自己已经长大了,但是又不知从何做起。他们正处于世界观和价值观正在形成的这样一个关键阶段,这时候出现这样的一篇课文,正好可以指引他们树立责任意识和担当意识。所以,文本本身就具有很强的德育教育意义。

　　《最苦与最乐》是一篇论证严密的议论文,作者从责任之未尽与尽,谈人生的最苦与最乐,鼓励人们勇于负责,学习待人处世的正确态度。文章在结构上论证严密,语言平实而又略带书卷气。

　　因此,学习本课应在掌握有关议论文知识的基础上理解文章内容,明确作者观点,理清文章脉络,学习文章平实而又略带书卷气的语言风格。在教学过程中,注意培养学生思维的严密性,训练严密的思维能力和语言表达能力;用合作探究的方式,引导学生理解本文丰富的人文内涵,树立对他人、对社会、对自己的责任感。由于学生刚接触议论文,教师在教学过程中,应在学生自主学习的基础上,引导学生掌握文章的观点和基本内容,理清文章结构,采用合作、讨论等方式,启发学生的思维能力,锻炼学生的语言表达能力,树立正确的人生观、价值观;并通过语言欣赏、仿写句子等方法,培养学生的合作探究以及创新的精神。

　　本课在教学设计上有四个亮点:第一,在和学生们谈论"责任"这一重大话题时,采用了调动学生生活体验的"找影子法"。第二,在讲授作者论述"最苦"与"最乐"的层次关系时,采用"问题串"的形式层层递进,激发学生们的思考。第三,语言积累及训练:本文的语言平实而又略带书卷气,指导学生积累(含拓展)及训练十分重要,本课教学设计通过场景描述和句子的仿写等形式,锻炼学生的思维及表达能力。第四,人文教育:责任的话题是严肃的,要让学生在人生苦与乐的讨论中,培养对他人、对社会、对自己的责任感。

　　其中我认为运用较为成功的是"找影子法"和"问题串法"。作为一篇有着特殊时代背景的议论性文章,要想使学生们感到不枯燥、不抗拒,首先就要拉近文本与学生之间的距离。所以"找影子法"对于学生而言是比较实用的方法。让学生就文中表达作者观点的话,回顾自己的成长经历，谈谈自己感受深刻的生活体验，带着这种感同身受的生活体验再来学习文章，那么认同并接受作者的观点就水到渠成了。

另外，既然是议论文，就有其鲜明的问题特色，论证严密便是其最鲜明的特征。对于逻辑思维能力并未完全形成的七年级学生来说，要想接受作者的观点可能并不难，但是要想搞清楚作者的观点是如何一步步推理论证出来的，这个过程确实很有难度的。这就需要老师能够深入文本，灵活处理文章。我首先认真研读了教材，然后梳理出一系列带有逻辑性的层层递进的问题串，让学生在思考问题的挑战中一步步加深对文章的理解，思考逐层递进，最终梳理出本课的论证思路。学生们便在不知不觉中完成了对文章的概括和总结。

当然，这堂课的授课过程中，也存在着诸多问题。例如，对于本文"平实而又略带书卷气"的语言特色的品读，还不透彻。要想品析文章语言风格，单是靠老师的总结是万万不够的。这个过程需要师生一起找出文中自己感触最深的句子，反复朗读体味。老师引导学生从修辞、词语运用、表达方式等角度自己动脑动嘴感受其中滋味。而以上这个不断推进的感悟过程是这堂课所欠缺的。虽然也有对于文句的赏读，也有学生的参与，但是参与的广度和深度还不够，所以这也导致本课对于语言的提炼还不够。

除此之外，对于学生的接受能力没有做到完全照顾，也是本堂课的一个缺憾。虽然本课采用的"找影子法"较为成功，但是能站起来结合文章谈自身体验的学生还是没有遍及班内大部分同学。另外很关键的一点就是，并不是每位同学都能在相同的时间内理解这个论述推理的过程。所以，在以后的授课过程中，应该尽可能地关注到每一位学生，使学生们参与课堂思考的积极性都能被调动起来，真正体现学生的课堂主体地位。

磨课的过程是辛苦的，但是付出之后的收获是甜蜜的，个中感受只有过来人能够体会。备课试讲初期各种问题的出现，中途各种方式的改进，以及最终授课方案的确立，让我从这个"最苦"的过程中感受到了尽完责任之后的"最乐"。而这个获取"最乐"的过程中，让我感触最深的就是：要想讲好一节课，老师课前备好课才是最关键的。对文本的把握够深够精够巧，课堂自然能回报以实效。

第六节　《台阶》教学案例

【教学目标】

1. 知识目标：了解情节思路及组材的方法；把握人物形象品质以及意蕴。

2. 能力目标：提升学生对叙事类文学作品梳理、概括准确的阅读能力。培养学生运用描写信息分析人物形象、运用材料之间关系挖掘文本意蕴的能力。培养学生自主探究的学习能力。

3. 情感、态度和价值观目标：培养学生爱父亲、尊重父亲的情感；感受人物的精神品质对人生的重要意义。

【教学重点】

梳理故事情节；了解组材方法；把握父亲形象品质及父亲形象折射出的深刻意蕴。

【教学难点】

父亲形象折射出的深刻意蕴。

【教学方法】

朗读、讨论、点拨。

【教学用具】

多媒体。

【教学设计】

一、导入，板书课题

二、介绍作者，导入新课

三、整体感知，阅读课文

(1)检查预习，认清字词。

(2)讲述故事情节(简要概括主要情节，理清思路)。

四、理解阅读

问题探究：

(1)父亲为了造起一栋有高台阶的新屋,他都做了哪些准备工作?

(2)文中父亲是一个怎样的人?哪些语句能够体现父亲的这一形象?

请用"父亲是一个_____的人"表达交流。

五、再读课文,研讨精美段落,深入解读"父亲"

(1)"台阶旁栽着一棵桃树,桃树为台阶遮出一片绿荫。父亲坐在绿荫里,能看见别人家高高的台阶,那里栽着几棵柳树,柳树枝老是摇来摇去,却摇不散父亲那专注的目光。这时,一片片旱烟雾在父亲头上飘来飘去。"

思考:摇晃的树枝,摇不散的目光,想想父亲此时会有怎样的心理?

(2)【砌房准备之时】那天早上父亲天没亮就起了床,我听着父亲的脚步声很轻地响进院子里去。我起来时,父亲已在新屋门口踏黄泥。黄泥是用来砌缝的,这种黏性很强的黄泥掺上一些石灰水豆浆水,砌出的缝铁老鼠也钻不开。那时已经是深秋,露水很大,雾也很大,父亲浮在雾里。父亲头发上像是飘了一层细雨,每一根细发都艰难地挑着一颗乃至数颗小水珠,随着父亲踏黄泥的节奏一起一伏。晃破了便滚到额头上,额头上一会儿就滚满了黄豆大的露珠。

思考:写父亲踏黄泥时,特意描写了父亲头发上的水珠和额头上的露珠,有何作用?

(3)【房屋砌成之时】许多纸筒落在父亲的头上肩膀上,父亲的两手没处放似的,抄着不是,贴在胯骨上也不是。他仿佛觉得有许多目光在望他,就尽力把胸挺得高些,无奈,他的背是驼惯了的,胸无法挺得高。因而,父亲明明该高兴,却露出些尴尬的笑。

思考:本段运用了什么样的描写手法,体现了父亲怎样的心理?为什么会有这样的心理?

(学生思考、讨论、交流,教师点拨、小结)

归纳如下:

父亲是一个非常要强的农民,他有志气,不甘人后,他要自立于受人尊重的行列,他有长远的生活目标,要建造一座高台阶的房屋。

父亲是一个老实厚道的农民,他用诚实劳动兴家立业,不怕千辛万苦,同时,父亲身上有着中国传统农民所特有的谦卑,当新台阶造好后,他反而处处感到不对劲、不自在,并且不好意思坐上去。

六、研读结尾部分

(一)房屋砌成之后

这以后,我就不敢再让父亲挑水。挑水由我包了。父亲闲着没什么事可干,又觉得很烦躁。以前他可以在青石台阶上坐几个小时,自那次腰闪了之后,似乎失去了这个兴趣,也不愿找别人聊聊,也很少跨出我们家的台阶。偶尔出去一趟,回来时,一副若有所失的模样。

我就陪父亲在门槛上休息一会儿,他那颗很倔的头颅埋在膝盖里半晌都没动,那极短的发,似刚收割过的庄稼茬,高低不齐,灰白而失去了生机。

好久之后,父亲又像问自己又像是问我:"这人怎么了?"

"怎么了呢,父亲老了。"

如何理解:

(1)"偶尔出去一趟,回来时,一副若有所失的模样。"父亲回来时,为什么一副若有所失的模样? 这种心态怎么理解?

(学生思考、讨论、交流,教师点拨、小结)

(2)"他那颗很倔的头颅埋在膝盖里半晌都没动,那极短的发,似刚收割过的庄稼茬,高低不齐,灰白而失去了生机。"

(学生思考、讨论、交流)

(二)思考结尾语句

思考结尾语句"怎么了呢,父亲老了",你从文中读出了"我"对父亲怎样的情感?

归纳如下:

面对辛苦了一辈子的父亲,终于建好了高台阶的房屋,最后身体却垮了的事实,作者内心无比的凄楚和辛酸,希望所有像父亲一样的农民能由贫穷走向富裕,由自卑走向自尊。

七、感悟阅读

思考文章的标题能否用"父亲"或者"新屋"等来替换,原因何在?

八、学生当堂片段写作练习,拓展延伸

【读懂父亲】

(1)学完《台阶》这篇文章,此时此刻的你,假设你就是作者,你会对文中的父亲说些什么?请以"父亲,我想对你说"为题表达出你最想对这位父亲说的话。

(2)学完《台阶》这篇文章,想想自己的父亲,你一定有许多话想对你的父亲说,请以"父亲,我也想对你说"或以"我眼中的父亲"为题表达出你最想对你父亲说的话。

九、总结提升,点击社会

这篇文章要写的就是父亲这个形象吗?进一步理解作者的写作目的,感悟中国农民的坚韧与卑微的希望,体会作者深沉的爱。

十、朗读诗歌加深对父爱的理解

父亲

我的父亲
你喜欢坐在台阶上远望
你喜欢把那烟枪在青石板上敲得嘎嘎作响
我的父亲啊
摇来摇去的柳树枝总也摇不散你那专注的目光

我的父亲
你那古铜色的脸
你那黄几几的脚板
我的父亲啊
你把你的胸膛挺高一些吧
我的父亲
你挺直的腰板为什么担不起一担水
你倔强的头颅为什么埋在膝盖里
我的父亲啊
你满挂着的笑容为什么在九级台阶筑起的鞭炮声中尴尬

我的父亲

我知道你的梦想

三级的台阶到了九级

我的父亲啊

怎么了——你老了

我的父亲，

还有我呢

十一、作业布置

阅读关于"父亲"的文章、诗歌，做好优美语句片段的积累。

推荐书目：

《父爱》(苏童)

《代沟》(梁实秋)

《妞妞——一个父亲的札记》(周国平)

十二、简要评析

(一)成功之处

《台阶》整节课教学过程比较流畅，思路比较清晰。通过上课，我觉得在本课的教学上，充分调动了学生发言、小组合作学习的积极性。

《台阶》是人教版七年级下册的一篇自读课文，文章以极其自然的口语化语言，展示了一个农民家庭的经济状况、奋斗历程，塑造了一个自尊自强、渴望得到尊重的农民形象，常见的事物、简单的叙述、不经意的举动流露出对父亲浓浓的深情。对于重点语段的研讨，我设计了相应的合作学习讨论，每次讨论均有相应的学习任务。

比如，让学生说说故事的梗概，就采用合作交流的方式。因为本文较长，在阅读的过程中难免有疏漏，讨论的过程中能够互相补充，然后通过复述故事，学生能够初步把握情节，对人物也有一个初步感知，做到整体的把握。复述故事，还训练了学生快速阅读、勾画圈点法阅读以及培养学生信息筛选和概括能力。

(二)不足之处

本文以父亲为主要描述对象,但此文并非表现父亲的作品,而是在表现一代农民形象。全文以儿子的眼光观照父亲,除充满对父亲的敬佩之情外,文字间也流露着辛酸。对于这一主旨的把握,我的处理过于简单,只是通过自己的讲述给出,忽略了学生自己的情感体验,因而没有达到让学生通过自己的阅读体验感知作品主旨及现实意义的目标。

第四章 极简语文之有效途径

第一节 极简语文有效途径之一
——抓住文体特点

老子说,"道生一,一生二,二生三,三生万物"。看似错综复杂的世界,在老子看来"道"可以涵盖一切,这个"道",就是指事物的根本、规律。

语文教学也要遵循这个规律。语文教学起于文本解读,文本的解读要依据文章本身特点。我国古代就有文体的区分,随着历史的发展,不同时期有不同的文学样式:我国古代文章就有鲜明的文体特点,由于"科举制"的兴起,更加突出强调文体的特点,久而久之,不断强化,以至于出现僵化的考试文章,被称为"八股文",这也从一个侧面看出文章文体之重要。

一、我国古代就有文体的区分

古文指以文言所写的散体文,别于骈文而言。唐人韩愈反对魏晋以来骈俪的文风,提倡先秦汉代所普遍使用的散体文,并称散体文为古文,后用为散文的专称。还有记、序、疏、表、论、史传等。教材中的古代文体有:

（一）说

说是古代的一种散文体裁。从内容上看，文体可以叙述事情，可以说明事物，也可以发表议论；大多是一事一议，要求说出作者对某个问题的深刻见解。这种"说"，它的叙事及议论，都是为了表明作者对社会生活中的某个问题或某种现象的看法，从本质上说，它是属于议论性的文体，与现代的杂文或杂感小品相似。初中阶段所学的有《马说》《爱莲说》等。

（二）表

表是我国古代的一种特殊文体。在古代，臣子写给君主的呈文有各种不同的名称。战国时代统称为"书"，"书"是书信、意见书的总称。到了汉代，这类文字被分成四个小类，即章、奏、表、议。刘勰在《文心雕龙·章表》里说："章以谢恩，奏以按劾，表以陈情，议以执异。"可见，表的主要作用就是表达臣子对君主的忠诚和希望，"动之以情"是这种文体的一个基本特征。此外，这种文体还有自己的特殊格式，如开头要说"臣某言"，结尾常有"臣某诚惶诚恐，顿首顿首，死罪死罪"之类的话。我们初中课本所选诸葛亮的《出师表》即其中范例。

（三）序

序又名"序言""前言""引言"，是放在著作或正文之前的文章。古代另有一种序是惜别赠言的文字，叫作"赠序"，内容多是对所赠亲友的赞许、推重或勉励之辞。例如，宋濂的《送东阳马生序》即是作者写给同乡晚辈的赠序。还有一种是写在诗歌前面的序，叫"诗序"，多交代所咏故事的有关内容或作诗的缘起。例如，苏轼的《水调歌头·明月几时有》前面有一段序："丙辰中秋，欢饮达旦，大醉，作此篇，兼怀子由。"这段小序即交代了作词的缘起。

（四）铭

古代刻在器物上用来警戒自己或者称述功德的文字，后来成为一种文体。一般都用韵，篇幅短小，文字简洁，内容多含颂扬、鉴戒之意。我们学过的有刘禹锡的《陋室铭》等。

（五）记

记是古代的一种散文体裁。文言文标题中的"……记"，相当于现代文"记……"的形式。例如，《小石潭记》，就是"记小石潭"，即记述游小石潭的过程以及小石潭的景物。这类文章当中，大多数是游记，一种用来记叙旅途见闻和某地政治生活、社会面貌、风土人情、山川景物及名胜古迹等的散文体裁。还有普通的叙事性散文或者"杂记"（包括如《桃花源记》这样的诗前序文）。除以上两篇，我们学过的还有《岳阳楼记》《醉翁亭记》《满井游记》《核舟记》《记承天寺夜游》等。

（六）传

记述个人生平事迹的文章。一般来说多为记述那些在历史上较有影响而事迹突出的人物的生平事迹。多采用叙述、描写等手法，展示人物的生平风貌。这种文体，惯用于史书，如《陈涉世家》。

（七）书

书即书信，古人书信又叫"信札"或曰"尺牍"，是一种应用性文体，多记事陈情。也可以写景，如吴均的《与朱元思书》；可以写私人化的事件和感情，如嵇康的《与山巨源绝交书》；也可以进谒显贵，勉励后学，形成别具特色的书牍文传统。尺牍讲究谋篇布局，文质俱佳。

古人在文章写作时具有鲜明的文体意识，文体贯穿于文章始终，在漫长的历史中，文体学形成了一门丰富的学问。教学中教师只有熟悉古代文体特点，才能快速理解文章，抓住文章的核心，在实际教学中要遵循文体的特点设计教学。教者要了解作者的写作思路、写作意图，教师教得才能得心应手，这样才能事半功倍，水到渠成。

二、教材文体编排规律（八年级、九年级）

部编教材为了突出"语文能力"培养，通过不同的语文要素的学习与训练加以落实，包含阅读方法和阅读策略两方面，力求从两个层次培养学生的语文能力。语文能力的培养在七至九年级有不同的要求。七年级以培养学生一般的语文能力为主,关注具有普遍意义的阅读方法和阅读策略。例如,七年级上册的阅读方法是朗读和默读,七年级下册是精读和略读;在阅读策略方面则着眼于一般阅读能力的养成,并不局限于某一种文体,如整体感知、品味语句、概括中心、理清思路等,大致按照难易的先后顺序排布,并注意与阅读方法的配合。

八、九年级教材则以文体阅读为核心,力求培养学生某一类文体的阅读能力。八年级以实用性文体为主,如新闻、传记、演讲词等,交叉安排说明性文章和以散文为主的文学作品的阅读;九年级集中学习诗歌、小说、戏剧等文学作品,交叉安排议论性文章的阅读:旨在培养学生阅读说明性、议论性文章以及实用类文本的能力,培养学生初步欣赏文学作品的能力。以八年级上册为例,看一下教材的文体编排。

第一单元	第二单元	第三单元	第四单元	第五单元	第六单元
新闻 消息二则 　首届诺贝尔奖的颁发 "飞天"凌空 一着惊海天	传记 藤野先生 回忆我的母亲 列夫·托尔斯泰 美丽的颜色	古代 景物散文 三峡 短文两篇 　答谢中书书 　记承天寺夜游 与朱元思书	散文 背影 白杨礼赞 散文两篇 　永久的生命 　我为什么而活着 昆明的雨	说明文 中国石拱桥 苏州园林 蝉 梦回繁华	古代散文 《〈孟子〉二章》 　富贵不能淫 　生于忧患,死于安乐 愚公移山 周亚夫军细柳

文体,是指独立成篇的文本体裁(或样式、体制),是文本构成的规格和模式,是一种独特的文化现象,是某种历史内容长期积淀的产物。它反映了文本从内容到形式的整体特点,属于形式范畴。古代就有文体意识,写作中也自然遵循文体的规律。

初中语文教材分为:文言文、诗歌(古代、现代)、现代文(记叙文、说明文、议论文、散文、戏剧、小说)。在教学中,要遵循问题的特点去解读文本,这是一条符合写作规律的一般方法。教师要有相关文体的知识储备,熟悉文体的特点本质规律。文体为底色,文本添亮色。在实际教学中,既要遵循文体一般规律,还要考虑该文本独特之处。文体特点是宏观角度设计教学,微观角度突出文本特质。

第二节　极简语文有效途径之二
——单元整合　整体设计

极简语文课堂达成的重要路径就是整合:教学内容整合参差互现,有机整合,教学手段整合,教学活动的整合。

七年级上册语文第二单元教学设计

【主题单元基本信息】

主题信息:部编教材七上第二单元,以书写挚爱亲情为主题的单元,此单元为教材的自然单元。

【单元目标】

一、课程标准分析

教育部颁布的《义务教育语文课程标准》(2011版)明确提出:语文课程的建设应继承我国语文教育的优良传统,注重读书、积累和感悟,注重整体的把握和熏陶。

语文学习应注重听说读写的相互联系,注重语文与生活的结合,引导学生多读书、多积累,重视语言文字运用的实践。

在写作方面明确指出:写作要有真情实感,力求表达自己对自然、社会、人生的感受、体验和思考;多角度观察生活,发现生活的丰富多彩;写记叙性文章,内容充实具体,能抓住事物的特征,有自己的感受和认识。

二、教材分析

亲情,是人世间最普遍、最美好的情感之一。本单元位于七年级上册教材第二单元,课文包括《秋天的怀念》(史铁生)、《散步》(莫怀威)、《散文诗二首》和《〈世说新语〉二则》。这几篇文章从不同角度抒写了亲人之间真挚动人的感情。阅读这些课文,可以加深我们对亲情的感受和理解,丰富自己的情感体验。这些文章的主旨,并不仅限于亲情,还可以读出其他丰厚的内涵。例如,《秋天的怀念》不只是表现母爱,更有儿子的悔恨和愧疚之情,以及对生命意义的感悟;《散步》,可以读出生命轮回和延续的感慨,读出人生的选择,读出中年人特有的责任感。

本单元,要继续重视朗读和写作。朗读要把握文章的感情基调,注重语气、节奏的变化。从写法角度看,要了解不同文章抒情的特点,在整体感知全文内容的基础上,体会作者的思想感情。有的文章情感显豁直露,如《散步》《荷叶母亲》,易于直接把握;有的如《秋天的怀念》则深沉含蓄,要从字里行间细细品味。

三、学情分析

对大部分七年级学生来说,面临的最大问题之一就是写作困难,没有素材可用,没有语言可写,这和学生的整体的语文素养息息相关,体现在阅读量少、积累素材少、写作经验少。就身心发展而言,七年级学生开始关注自己的内心世界,本单元为写人记事课文,贴近学生的现实生活,刚上初中不久的学生理解起来比较切近、平易,学生有较为切实的生活体验。此时应注重分析与感染教育,引导学生调动自己的生活经验和情感体验,积累写作素材和写作经验,实现"理解作者情感"与"陶冶自身情感"的双重目的。

四、单元教学目标

(1)能借助于字典、词典等工具书,积累表达挚爱亲情的重点字词或语句,如"诀别""絮絮叨叨""她正艰难地呼吸着,像她那一生艰难地生活"(《秋天的怀念》),"好像我背上的和她背上的加起来,就是整个世界"(《散步》),为下一步写作作准备。

(2)继续学习朗读,能正确、流利、有感情地朗读课文,把握全文的情感基调,注意语气、节奏的变化,并在朗读中体会文字传递的深情,对单元目标进一步强化。

(3)通过理解文章内容把握主旨,体会作者想要表达的情感,学习本单元课文中所使用的主要写作手法,如插叙(《秋天的怀念》),以小见大(《散步》),象征(《荷叶母亲》),以及人物描写的五种方法、景物描写和细节描写,体会作者如何运用这些写法表达思想和情感。

(4)比较、辨析不同文章抒情的不同特点:显豁直白(如《散步》《荷叶母亲》等课文),深沉含蓄(《秋天的怀念》,理解作者感情内涵,唤醒和丰富自己的亲情体验。

(5)通过本单元的学习,学会以微小平常的生活细节进行叙事,抒发真情实感。运用积累的词句,尝试在叙述中借助贴切的词句来表达感情。

【单元评价】

一、评价任务

以"爱,在细微处绽放"为题,写一篇不少于600字的作文。

(1)以小见大,捕捉生活中家庭、学校或社会中表现爱的细节,从司空见惯的人和事中观察出不寻常的东西来,确定最恰当的选材。

(2)运用本单元所学过的写法(插叙、象征等),合理建构自己的文章构思,梳理写作思路,如怎样安排开头结尾,怎么选择事件详略。

(3)在写作过程中,可以恰当使用本单元课文学习中积累的表达真情挚爱的语句。

(4)写作完成后小组内进行交流分享,组里每个同学有感情地朗读给其他同学听,用自己的语言传达自己的情感。

(5)交流结束后,每个小组投票选出最精彩的一篇文章上交,教师在屏幕上投影进行全班交流探讨。

二、评价标准

结合评价细则,采取小组内互评、自评和老师点评的方式进行。

作文朗读评价细则			
	二星	三星	五星
读音准确度	字音基本正确,声音较响亮,个别字音有读错,有丢字、添字的现象,有顿读、唱读现象	发音较准确,吐字较清晰,声音较响亮,不读错字,不丢字、添字,不顿读、唱读	发音准确,吐字清晰,声音响亮,不读错字,不丢字、添字,不顿读、唱读

作文朗读评价细则			
	二星	三星	五星
句子流畅度	能把句子较完整地读出来,基本能读出句与句、段与段的间歇	能把句子完整地读出来,读得较流利,基本能读出句与句、段与段的间歇	能完整、流利地读出句子,能读出句与句、段与段之间的间歇,读得自然,能有感情朗读句子
感情饱满度	语气单调,缺乏感情	有学习用不同的语气朗读句子的意识,感情基本到位	声情并茂,朗读富有韵味和表现力
作文评分标准			
分数	主旨扣题	语言构思	书写
55~60分	扣题严谨,中心突出,描写细致,感情真挚或思想深刻	语言优美或有特色,构思和写法上有特色、有创新	书写优美
50~54分	扣题严谨,中心突出,描写细致	语言优美,感情充沛	书写工整
45~49分	扣题行文,中心明确,有细节描写	情感真挚,语言流畅	书写工整
41~44分	首尾扣题,主体内容生搬硬套,勉强切题	缺乏情感,语言生硬	书写一般
36~40分	偏离题目,或缺乏感受,或中心不够突出	缺乏情感,语言生硬,有语句错误	书写潦草
36分以下	没有扣题,旧文照搬,中心不明	语句不通,错别字较多	书写潦草

【单元学习进程】

本单元任务分为三个部分,共10课时:

课文赏析(7课时)　写作训练(2课时)　美文分享(1课时)

一、课文赏析(第1～7课时)

环节一:朗读课文,积累绘爱词句

(1)有感情地朗读课文,根据不同文章的特点,采取相应的阅读方法(情景朗读、分角色朗读等)。

(2)利用字典等工具书查准字音字形,并对课文中表达挚爱亲情的重点字词或语句进行积累。

课文篇目	朗读评价
《秋天的怀念》	1.全文的感情基调:深沉而忧伤。叙述语气平静而内敛。 2.朗读中节奏的变化:第1段,"我"与母亲对话时的激动语气;第2段,语气陡然低沉;第3段,略有一点儿轻松愉快的语气;第4段又陡然低沉;第5、6段,沉重、痛心。读第7段之前,注意停顿,拉开回忆的时空;第7段沉着、淡定,读出引人深思、耐人寻味的感觉。
《散步》	1.全文的感情基调:清新、明朗、愉悦、亲切,部分语句富有深意。 2.分角色朗读,模仿文中人物的语气语调,如妻子的温柔贤淑,小孩子的活泼有趣,母亲的善解人意语气。
《散文诗二首》	1.《金色花》的感情基调应是舒缓、温馨、抒情的,读出孩子的顽皮、天真。 2.《荷叶母亲》前半部分叙事时应是平稳舒缓,后面抒情时应饱含深情,用高亢的语气来读。
《〈世说新语〉二则》	1.正确读准字音、流利有感情地通读文言文。 2.反复诵读,直观感知文言特点,逐步加深文言文语感。 3.情景诵读,《咏雪》读出古人富有情趣的家庭氛围,《陈太丘与友期》读出古代少年的聪慧与方正。

环节二:深入探究,爱在字里行间

(1)通读全文,了解文章大意。(如《秋天的怀念》讲述了"我"双腿瘫痪后,脾气变得暴怒无常。母亲为了鼓起"我"生活的勇气,在她重病缠身的情况下,坚持要推"我"去北海公园看菊花。母亲去世后,"我"和妹妹在一起好好儿活。

(2)小组讨论,找出文章中描写人物的动作、语言、心理等重点语句,分析文中的人物形象,体会思想情感。选取小组代表进行分享交流。

例:

A. 母亲就悄悄地躲出去,在我看不见的地方偷偷地听我的动静。当一切恢复沉寂时,她又进来,眼边红红的,看着我。(《秋天的怀念》)

此处抓住母亲的神态、动作描写,"悄悄躲出去,偷偷地注意我,又悄悄地进来,眼圈红红地看着我",母亲理解儿子的痛苦需要发泄,她用宽厚的母爱包容着儿子,又担心着儿子。体会母亲抚慰"我"的细致体贴和内心的痛苦。

B. "母亲本不愿出来的。她老了,身体不好,走远一点就觉得很累。我说,正因为如此,才应该多走走。母亲信服地点点头,便去拿外套。"(《散步》)

这几句把母子二人的情态都显现出来了,母亲的老迈、顺从,儿子的诚恳、孝敬,情态毕现。"正因为如此"一句,又透露了"我"的文化修养。缺乏文化修养的人,话是不会这样说的。由此可以明白,表现什么情态,就要用什么样的语言。

C. "你到哪里去了,你这坏孩子?"

"我不告诉你,妈妈。"这就是你同我那时所要说的话了。(《金色花》)

语言描写。这句嗔怪表现了母亲不见孩子的担心、焦急和见到孩子后的惊喜与慈爱的心情。"坏孩子"是贬义褒用,表现母亲对孩子的温柔、怜爱。"我不告诉你",体现了孩子的顽皮、淘气。

统观全文,探究文章的写作手法。

以《秋天的怀念》和《荷叶母亲》为例:

(1)可我却一直都不知道,她的病已经到了那步田地。后来妹妹告诉我,她常常肝疼得整宿整宿翻来覆去地睡不了觉。

(运用了插叙,插叙了母亲因肝疼无法入睡的情节,交代了母亲病情的严重,突出了母亲的坚忍、无私,表达了儿子的悔恨愧疚之情。丰富了人物形象,使文章波澜起伏,吸引读者阅读兴趣。)

(2)母亲啊! 你是荷叶,我是红莲,心中的雨点来了,除了你,谁是我在无遮拦天空下的荫蔽?

(心中的雨点是指人生道路上的风雨和坎坷磨难,运用象征,"红莲"象征着被母亲的爱呵护着的"我","荷叶"象征着"母亲"。作者借此抒发了"我"对母爱的赞美之情。)

环节三:联系文本,追寻情感真谛

阅读篇目	学习目标
《秋天的怀念》	理解文章情感:对母亲的怀念,自己的悔恨与愧疚,对于"好好儿活"的领悟。
《散步》	感知人物形象,感受亲情,体味浓重的情意;培养尊老爱幼、珍惜亲情的情感。
《散文诗二首》	理解主题思想,感受母爱的伟大,感恩亲情。
《〈世说新语〉二则》	感受文化家庭和乐融融的氛围。

对比阅读:课外同主题文本链接,推荐《我与地坛》《合欢树》等文章,进行同类语言的积累。例:

我坐在小公园安静的树林里,闭上眼睛,想,上帝为什么早早的召母亲回去呢?很久很久,迷迷糊糊的我听见了回答:"她心里太苦了,上帝看她受不住,就召她回去了。"我似乎得了一点安慰,睁开眼睛,看见风正从树林里穿过。(《合欢树》)

摇着轮椅在园中慢慢走,又是雾罩的清晨,又是骄阳高悬的白昼,我只想着一件事:母亲已经不在了。在老柏树旁停下,在草地上在颓墙边停下,又是处处虫鸣的午后,又是鸟儿归巢的傍晚,我心里只默念着一句话:可是母亲已经不在了。把椅背放倒,躺下,似睡非睡挨到日没,坐起来,心神恍惚,呆呆地直坐到古祭坛上落满黑暗然后再渐渐浮起月光,心里才有点明白,母亲不能再来这园中找我了。(《我与地坛》)

二、写作训练(第8～9课时)

活动:学会记事,细节描摹真情

课文中记叙的"我"和母亲的故事都来自于日常点滴的生活,细节处却折射出人性最闪光的品质与爱意,这种"以小见大"的手法,以小事情表现大主题,非常值得我们学习。静心回味自己的生活体验,想一想哪些事情曾让你感受到爱?你感受到的爱与作者笔下的母爱有没有相通之处?尝试用文章中于细节处描摹事件的手法,以"爱,在细微处绽放"为题写一篇600字左右的作文。

三、美文分享(第 10 课时)

活动:朗读作文,美声传达真情

(1)写作完成后,每个小组先进行内部的分享交流,每位同学都要有感情地去朗读自己的文章给其他组员听,用自己的语言传达自己的情感。

(2)交流结束后,每个小组通过认真聆听其他同学的朗读(根据各个组的安排,可结合朗读标准进行打分),最后投票选出小组内最精彩的一篇文章上交,教师在屏幕上投影进行全班交流探讨。

(3)展示的同学进行自评,同学评价(可参考作文评分细则),最后教师针对文章的主题、选材、构思和语言等方面进行总结点评,对表现优异者给予表扬,需要改进者提出适当的建议和鼓励。

以八下演讲单元为例设计单元教学

【主题单元基本信息】

部编教材八下第四单元——演讲主题活动探究单元,此单元为教材的自然单元。

【单元目标】

一、课程标准分析

教育部颁布的《义务教育语文课程标准》(2011 版)明确界定语文课程是一门学习祖国语言文字运用的综合性、实践性课程。《义务教育语文课程标准》(2011 版)对学生的演讲能力作了明确的要求:"能就适当的话题作即席讲话和有准备的主题演讲,有自己的观点,有一定的说服力。"

语文学习强调听说读写,演讲就是一种在公开场合把自己意图想法表达出来的"说"。但是,演讲并非单纯的口头表达,它与一个人的读写能力、理解能力、沟通能力、应变能力等息息相关,连为一体。可以说,演讲能力体现出一个人的竞争力和综合素质,是现代社会中公民应具备的基本素养。语文的核心素养就是指学生在接受相应学段教育过程中,逐步形成的适应个人终身发展和社会发展需要的必备品格与关键能力。

为了落实这一要求,部编版初中语文教材将它安排在八年级下册的第四单元里,可以说,对初中生演讲能力的重视是课程标准制订者和教材编者的共识。

二、学情分析

活动探究单元中,活动的主体是学生,探究的主体也应该是学生,所以活动探究单元的设计也应该是基于学生立场而展开的。所以在设计教学目标之前问自己:如果我是学生,我要参加演讲比赛,想取得好成绩,我该怎么做? 从这个立场往下推演,自然会遇到三个问题:写什么?怎么写? 怎么讲?

八年级的学生已经具备一定的写作能力,但是学生可能还会遇到很多问题:写什么,听众感兴趣? 怎么写才会有说服力、才能写出真情实感? 什么样的文字才能打动听众? 怎么讲,听众愿意听?……

三、单元目标

(1)通过阅读本单元的 4 篇演讲词,理解其观点,感受其风格,了解演讲词的主要特点。

(2)通过精读其中一篇演讲词,进一步了解写作演讲稿的常见技法,运用阅读所得,学习撰写演讲稿。

(3)通过多种方式学习演讲的技巧,进行演讲实践,在"演讲—聆听—评议"的综合活动中提高读写、沟通、应变、表达等多种关键能力。

【单元评价】

一、评价任务

以"讲好泉景故事"为主题,开展"我是演说家"的演讲比赛。请同学们自选角度,自拟标题,结合本单元所学,撰写演讲稿,并准备 5 分钟演讲。

(一)撰写任务支架
(1)要有针对性,做到"心中有观众",以此确定主题、内容和风格。
(2)明确表达观点,把思路展现出来。尤其注意提示性词语、关联词语和过渡性语句。

（3）注意写好开头，吸引听众关注。

（4）精心设计结语，提升演讲效果。

（5）着力锤炼语言，增强演讲的感染力。

(二)演讲任务支架

观看演讲视频，模仿演讲。关注演讲技巧，如站姿、语气、语调、重音、节奏的调配、表情的处理、肢体语言的运用等。

二、评价标准

	评价内容	大众评审得分（40%）	专家评审得分（60%）
演讲稿（满分50分）	演讲内容感兴趣(10分)		
	主题突出,观点明确(10分)		
	结构层次清晰合理(10分)		
	材料具体丰富(10分)		
	文字表现力强(10分)		
演讲（满分50分）	语言规范、吐字清楚、声音洪亮圆润,根据演讲的需要适当调整语速、语气(10分)		
	站姿自然,仪态大方,配以合适的手势动作(10分)		
	保持饱满的情绪,有较强感染力,一气呵成完成演讲(10分)		
	声音、眼神、表情、动作、感情浑然一体,演讲时间控制在10分钟内(10分)		
	遇到突发情况,能适当调整语速或自圆其说等,使演讲进行下去(10分)		

通过学生大众评审和专家评审,最终确定获奖名单,给予适当表彰和奖励。

【规划单元学习进程】

这个单元设置了三个任务:学习演讲词、撰写演讲稿、举办演讲比赛。

这三者由读到写再到综合活动。主要以"学"为中心,强调自主性、实践性和探究性,是提高学生语文能力的重要途径,终极目标是培养学生的语文核心素养。

一、任务一:学习演讲词(共5课时)

阅读教学重点有三:

(1)分析演讲词的针对性。这是演讲词最重要的特点,也是难点。

(2)初步理解演讲词的观点、思路安排和内容组织。这四篇演讲词的思想内涵都比较深刻,学生只需要初步理解即可,重点是把握其思路和内容的安排。

(3)感受体会演讲词的语言特点,理解语言表达与思想内容的一致性。

第1课时:单元导读课

第2~3课时:阅读教材中4篇演讲词,了解演讲词的主要特点和不同风格。

学生自主阅读教材中"演讲"活动单元中的四篇演讲词,完成表格中相关内容的填写,然后根据表格内容探究语言风格与作者身份、演讲背景、目的、听众的关系。为下一环节撰写"讲好泉景故事"主题演讲稿做准备。

	《最后一次讲演》	《应有格物致知精神》	《我一生中的重要抉择》	《庆祝奥林匹克运动复兴25周年》	"讲好泉景故事"
演讲了什么					
演讲的目的					
听众的构成					
语言风格					

第4~5课时:精读其中一篇演讲词,具体了解撰写演讲词的基本思路,并模仿演讲。

活动任务一:在初步了解演讲词主要特征的基础上,创设了"超级演说家"的情境,把课文里演讲单元的四位作者设计为演讲大赛的"导师"。让学生进入"选导师""选学习目标"的双选环节。四位导师、四种风格,分别指向不同的演讲场景和演讲对象,学生根据自己的喜好和演讲稿内容来选择重点研读的内容。教师与学生一起总结提炼出每一位"导师"的演讲特点。

活动任务二:学生自己选取一段自己喜欢的段落,揣摩作者的感情,试着有感情地朗读,注意演讲者的语气、语调、语速等。

通过观看演讲视频,模仿演讲者的站姿、仪表、表情、肢体语言等,进行演讲实践。通过学生互评、老师点评,提高学生的演讲能力。

评价标准:1. 演讲词的主题针对什么内容? 观点如何一步步展开? 语言风格借助什么技巧实现?

例1. 导师丁肇中训练营提供培训内容为:跟超级演说家丁肇中学如何深入浅出讲道理。

擅长为撰写演讲稿搭建结构框架:如黄金圈法则结构、时间轴结构、金字塔结构等。

训练项目范例:

第一部分:提出问题——什么是"格物"和"致知"。

第二部分:分析问题——传统儒家对实验的态度和实验精神在科学上的重要性。

第三部分:解决问题——真正格物致知精神在学术研究和应付今天的世界环境中的重要性。

例2. 导师闻一多训练营提供培训内容为:跟超级演说家闻一多学如何激情四射即兴做演讲。

擅长从演讲的句式、措辞、表达、动作等全方位帮助演讲人打磨演讲稿细节。

例3. 导师王选训练营提供培训内容为:跟超级演说家王选学如何幽默风趣做演讲。

擅长用幽默风趣的语言阐述深刻的道理,让听众在轻松愉悦的笑声中收获知识与启示。

例 4. 导师顾拜旦训练营提供培训内容为:跟超级演说家顾拜旦学如何写出庄重典雅的讲稿。

擅长在严肃庄重的场合中做演讲,可学习如谈话型演讲、严谨型演讲、柔和型演讲的演讲范式。

二、任务二:撰写演讲词(共 2 课时)

课时 1:活动任务:以"讲好泉景故事"为主题写一篇演讲稿。自拟题目,观点明确,思路清晰,材料鲜明,文字有感染力。(可从师生情、友情、小人物大风格、歌颂泉景精神等几个话题展开演讲稿的写作)

撰写任务支架:

(1)要有针对性,做到"心中有观众",以此确定主题、内容和风格。

(2)明确表达观点,把思路展现出来。尤其注意提示性词语、关联词语和过渡性语句。

(3)材料鲜明具体真实,有吸引力。

(4)注意写好开头,吸引听众关注。

(5)精心设计结语,提升演讲效果。

着力锤炼语言,增强演讲的感染力。

课时 2:根据评估表,自我评价、生生互评,从而进一步修改演讲稿。

	评价内容	自我评价	同学评价
演讲稿 (满分50分)	演讲内容感兴趣(10分)		
	主题突出,观点明确(10分)		
	结构层次清晰合理(10分)		
	材料具体丰富(10分)		
	文字表现力强(10分)		
修改建议			

	评价内容	大众评审得分（40%）	专家评审得分(60%)
演讲稿（满分50分）	演讲内容感兴趣(10分)		
	主题突出,观点明确(10分)		
	结构层次清晰合理(10分)		
	材料具体丰富(10分)		
	文字表现力强(10分)		
演讲（满分50分）	语言规范、吐字清楚、声音洪亮圆润,根据演讲的需要适当调整语速、语气(10分)		
	站姿自然,仪态大方,配以合适的手势动作(10分)		
	保持饱满的情绪,有较强感染力,一气呵成完成演讲(10分)		
	声音、眼神、表情、动作、感情浑然一体,演讲时间控制在10分钟内(10分)		
	遇到突发情况,能适当调整语速或自圆其说等,使演讲进行下去(10分)		

三、任务三:举办演讲比赛(共2课时)

在任务二撰写演讲稿的基础上,举办一次班级演讲比赛。

(一)赛前准备

(1)个人准备。课外收集演讲视频、音频资料,了解演讲的基本技巧,并用"任务二"中撰写的演讲稿自己演练。

重点关注演讲技巧,如语气、语调、重音、节奏的调配,表情的处理,肢体语言的运用等。练习直面观众,适时用眼神与听众交流,观察他们反应,检验演讲的效果,调整自己的演讲内容、语气和体态。

（2）举办小组选拔赛。每组选出一位同学参加班级演讲比赛。

小组选拔时，一方面要重视演讲的内容，主题是否明确，内容是否吸引人。另一方面要考虑演讲技巧的使用（如声音、语气、表情、动作等），通过综合评价，推举优秀代表。组内其他同学提出建议，帮助改进提高。

（二）现场比赛

选手要注意临场表现和发挥。评委根据评分细则，评出相应奖励，公布获奖名单，也可以适当给予奖励。

第三节　极简语文有效途径之三
——单元整合　一课一得

一、根据教材内容整合

为了提高课堂效率，我们一直在思考，在改进。如何打破一课一学的教学方式，让零散的知识变得更加系统，帮助学生建立完整的知识体系；如何使学生在获得知识的同时，全面提高学生的综合素养；如何使知识得以快速盘活，为学生后续学习提供足够的驾驭知识的能力；如何使学生在学习中获得"举一反三"的本领，促成学生的学习延伸到更大的宽度、深度、广度；如何引领教师从学科走向课程，全面落实课程目标。对这些问题的思考，让我们集中到一点：从课程的角度，对教学内容加以全面整合，实施单元整体教学，提高教学整体效益。

可以说单元整体教学架起了课程与教学之间的一道桥梁。单元教学依托课程标准，在整合教材内容和相关拓展性教学内容的基础上，以单元为单位，从课程目标、课程内容、课程实施、课程评价的角度开始尝试建立自己的单元整体课程。

单元教学是对国家课程的二度开发，旨在建立课程观念，打破教材的编排顺序，从课程的角度研究教学，使教学的针对性、时效性更强，在实际教学中实现课程目标的高度达成，全面提高学生学习能力，落实学科素养的培养，提高教学整体效益。

对教材的整合，强调知识间的内在联系和规律，形成完整的知识结构化体系。联系不应该是牵强的,联系也不应仅仅依据知识内容的相关联性,更要考虑方法和规律的相关联性。整合的目的是以规律、方法为主线,在知识间建立起盘根错节、浑然一体的关系,置知识于系统之中,实现知识结构化,让学生站在系统的高度学习知识。知识结构体系的部件是零散的知识,其结构连接件是规律、方法、思想、学科要素等。

第一,整合要考虑整合的意义和价值。整合的目的是为了通过建立知识结构化体系,从系统的高度学习知识。简言之,整合是为了更有利于学生的学。所以,整合的意义和价值其根本在于促进学生的学。换言之,凡是有利于学生学的整合才是有意义的、有价值、有必要的整合。

第二,整合要考虑整合的方式方法。整合不是简单地链接,是依据学生学习需要,站在学生学的角度,依据知识间内在规律和联系,对教学内容进行有效拆分,合并,重新组装。当学生所学习的内容缺乏有效支撑时,要依据学科要素,编排相应的为后续学习服务提供强有力支撑的支撑单元。同时整合还要考虑到为学生后续的学建立思想方法及体系上的联系,有效拓展和延伸到学生后续的学,为学生未来学习提供更多可能。

第三,整合要考虑是否有利于教学的组织实施。整合不是简单的对教学内容进行合并、拆分。单元整体的内在联系,向外的可延伸性、可拓展性,以及单元自身的结构性和单元之间的结构性都会影响和制约教学的整体效益。单元整体教学的可操作性、结构性是高效课堂的组织基础,所以整合必须有利于单元整体教学的组织实施。

第四,整合要考虑单元整体教学的意义和价值。单元整体教学要打破一课一学、耗时低效、知识零散、缺乏系统的教学方式,整合必须服务于教学,能够以单元整体方式组织教学,能有效拆分成联系紧密的组织模块,站在系统高度组织教学。单元整体教学要有利于知识结构化和教学组织结构化。缺乏教学组织结构化的整合将制约单元整体教学系统的实施。

二、围绕预定语文要素组织实施

整合后的单元整体教学组织单元是一种结构性的存在,内在线索是单元语文要素。教学组织实施必须依据其结构性和系统性,拆分成若干个教学组织结构化的模块。模块间可以是一种并联式的结构关系，也可以是一种串联式的结构关系，还可以是一种复合式的结构关系。模块间的教学结构关系必须保证单元结构性存在的完整性、系统性。否则，教学将难以保证学生知识结构体系的形成，重新陷入亦步亦趋、耗时低效的误区。

单元整体教学模块划分可以有多种方式，大体可以分为：整体—整体—整体、整体—部分—整体、部分—部分—整体、部分—整体—整体几种模式。模块设置的选择由单元整体自身需要决定。特殊情况下，最小的单元整体可以由一个整体模块组成。比如，以某种方法为连接件组成的小单元整体，其结构体系是围绕方法建立的，教学内容主要体现方法的归纳和运用。单元整体的结构连接件就是方法本身，其结构件就是隐含此方法的一组知识。当然，有些以某种系统方法贯穿其中的多个单元整体也可以构成一个更大的整体单元。组织教学时，方法始终应贯穿其中，无论是合还是分，都应围绕系统方法划分模块，系统方法本身也理应作为模块组成的要件存在。

单元整体教学的灵魂是以单元为单位进行的整体化教学、结构化教学、系统化教学。整体化并不意味着每个模块都是整体性的教学，结构化强调的是单元自身的结构化和教学组织的结构化。系统化强调的是单元整体教学是一种系统化的存在，服务于知识学习的结构化。三者之间既是一种并列关系，也是一种互相交叉的关系。

具体到一个模块的教学组织实施过程，应按照高效课堂要求，组织划分为多个教学环节，充分体现高效课堂自主性、合作性、探究性相结合的原则，通过独立思考、合作交流、展示提升等多个环节组织教学。尤其是展示提升模块，一定要突出知识之间内在联系和规律，有利于方法、规律的总结，服务于学生学习的步步深入，达到举一反三、灵活运用的目的。

无论是怎样的单元整体教学组织结构，划分为什么样的模块结构，都需要在最后一个模块，起到整体提升、形成单元整体知识结构体系的作用，突出知识间的内在联系和规律。而且结构化的生成必须建立在学生独立思考、合作交流、分享提升的基础上，由师生共同参与完成。

单元整体教学的高度达成，从教材整合，单元整体教学组织结构化的构建，到教学组织实施，必须围绕所学知识，从事实性知识、概念性知识、方法性知识、价值性知识四个层面精心规划设计，使学生真正获得系统完整的知识，完成通过知识学习培养能力的目标。

《孤独之旅》教学案

【教学目标】

1. 学生通过分析环境描写,感受杜小康的心境变化,从而理解杜小康的孤独。

2. 总结环境描写的典型作用。

【教学重点】

分析环境描写,感受作者选取特定景物、营造氛围的用意,感受杜小康的内心独白。

【教学难点】

引导学生感受作者选取特定景物、营造氛围的用意,感受杜小康的内心独白。

【课时】

1课时＋早自习

【教学过程】

导入:关于杜小康,你了解他哪些故事? 今天我们来学习《孤独之旅》,看看家道中落后的杜小康有怎样的心路历程。

一、巩固字词,注意字音

(1)生朗读,指出多音字,并说说辨析多音字的窍门。

眺望( )   嚼着( )   逃窜( )

掺杂( )   胆怯( )   撅断( )

空旷( )   狗吠( )   撩逗( )

炊烟( )   戳破( )   旧茬( )

给予( )

例如:嚼着 味同嚼蜡;撩逗 春色撩人(抽象的) 撩开(掀开)

（2）生朗读，指出易错形近字，并说说辨析的窍门。

嬉闹　炊烟　戳破　驱除　逃窜　纯粹　稠密　蓬松　萤火虫
郑重其事　与日俱增

例如：逃窜　蹿红；纯粹　憔悴；萤火虫　荧光屏；蓬松　帐篷

二、整体感知

阅读课文，说说你的初读感受。

（提示：学生可以从情节、形象方面谈，也可以说说自己觉得写得好的地方。）

我的感受分享：（1）人物前后有变化，杜小康是在孤独中逐渐成长起来的少年。（2）与《故乡》不同，这篇小说语言描写特少，环境描写特多。

三、梳理杜小康的心理变化，感悟杜小康的成长

杜小康的语言描写	心理变化
1.“我不去放鸭了，我要上岸回家……”	逃避、抵触
2.“我要回家……”	害怕、孤独
3.“还是分头去找吧。”	从容……
4.“蛋！爸！鸭蛋！鸭下蛋了！”	欣喜……

杜小康说了哪些话？分别是在什么样的情境下说的？反映了他怎样的心理？

（1）“我不去放鸭了，我要上岸回家……”（他是主动提出要去放鸭的吗？）——逃避、抵触

（2）“我要回家……”（刚到放鸭地）——害怕、孤独

（3）“还是分头去找吧。”——从容、坦然接受

（4）“蛋！爸！鸭蛋！鸭下蛋了！”——欣喜

A. 先说"蛋"和先喊"爸"有什么不同？读一读体会一下。（强调惊喜）

B. 杜小康为什么惊喜？难道只是因为这失而复得的鸭子、收获了鸭蛋吗？（有了鸭蛋，他们一家就有了生活的希望）

C. 回望这一路旅程，是什么让他学会了成长？（提示：题目为什么不叫《放鸭之旅》而叫《孤独之旅》？）——孤独是杜小康成长的催化剂。

作家曹文轩曾在《感动》中说："有些孤独，其实是我们成长过程中一些无法回避的元素。我们要成长，就不能不与这些孤独结伴而行。"

在孤独中，杜小康向内审视自己的人生，有了未曾有过的、关于人生命运的思考。文章用大量的环境描写为杜小康构建了一个孤独的世界，向读者传达着主人公隐秘的内心世界。下面我们来看看环境描写的魅力。

四、品析环境描写，感受环境描写的作用

我们选取三组画面来分析。

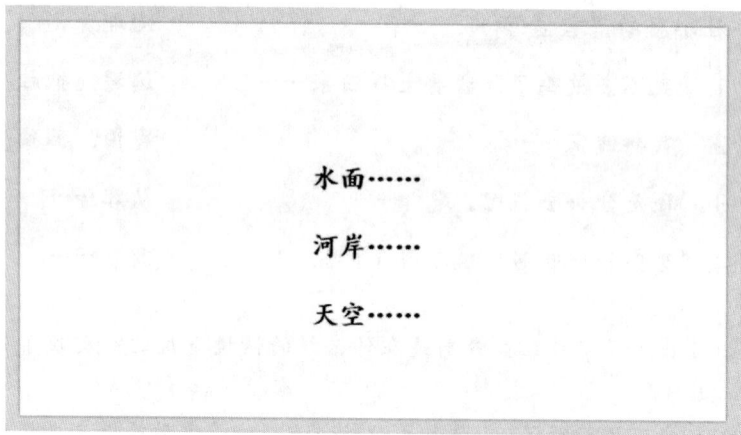

> 水面……
>
> 河岸……
>
> 天空……

（1）读11—14段环境描写，选择词句分析：我从_____中，感受到杜小康的孤独，因为……

（提示：关注景物本身的特点）

如：一片白茫茫——写出了水面的漫无边际，给人一种模模糊糊、没有尽头的感觉，杜小康对前路充满了迷茫。

唯一的炊烟——（炊烟本应该是有烟火气的、带给人温暖感觉的，在这里为什么感受不到温暖？"唯一"量词）这样的景物显得非常荒凉，炊

烟是唯一的,小船也是唯一的,不像原来的热闹生活,杜小康在这里没有可交流的伙伴,精神孤独。

慢慢飘去——(飘向哪呢？相比较而言,杜小康呢？)炊烟和热气都可以离开这条船,望到前路,不被束缚,只有杜小康被死死束缚在这条船上,没有选择的自由,被迫接受命运的安排。

月亮从河的东头升上空中——(为什么特意强调"从河的东头升上"呢？去掉并不影响意思表达呀,你什么时候才会注意月亮从哪升起、太阳从哪升起呢？)当一个人处于精神困顿时,并不会用审美的眼光看待景物,月亮并不美,他不关心月亮是否朦胧,是否有意境,是否明亮有色彩,他只看到那日复一日规律性的、单调的运动轨迹,就犹如杜小康的生活一般,日复一日,没有变化。

小结:眼前景皆是心中事,人看到什么,取决于他内心所思、所求。分析环境描写,首先要观察景物本身在语境中的特点,体会作者选取景物的用意。此外,可以通过关注量词、比较人物生存状态、删减无意义的词汇等感受人物的内心独白。

(2)读24—25段,分析:景物有什么特点？烘托出杜小康怎样的心情？

四、品析环境描写,感受环境描写的作用

读11-14段环境描写,选择词句分析:

我从_____中,感受到杜小康的孤独,因为……

（提示:关注景物本身的特点）

他盘腿坐在船头上,望着一片白茫茫的水。

黄昏,船舱里的小泥炉飘起第一缕炊烟,它是这里唯一的炊烟。它们在晚风中向水面飘去,然后又贴着水面,慢慢飘去。当锅中的饭已经煮熟时,河水因晒了一天太阳而开始飘起炊烟一样的热气。此时,热气与炊烟,就再也无法分得清楚了。

月亮从河的东头升上空中时,杜雍和父子俩已经开始吃饭。

> 这才是真正的芦荡。是杜小康从未见过的芦荡。到达这里时，已是傍晚。当杜小康一眼望去，看到芦苇如绿色的浪潮直涌到天边……芦荡如万重大山围住了小船……
>
> 这里的气味倒是很好闻的。万顷芦苇，且又是在夏季青森森一片时，空气里满是清香。芦苇丛中还有一种不知名的香草，一缕一缕地掺杂在芦叶的清香里……
>
> 水边的芦叶里，飞着无数萤火虫。有时，它们几十只、几百只地聚集在一起，居然能把水面照亮……

（提示：结合前后文体会其对主人公心理的烘托作用）

（提示：香草、萤火虫等景物营造出怎样的氛围？阴森恐怖吗？在这段情节中，杜小康是否已经开始从容接受孤独了呢？）

明确：这两段描绘了芦苇中的香草、萤火虫等景物，营造出静谧的氛围，反衬出杜小康内心的不安、恐慌。

小结：环境描写对人物的心理有衬托作用，有时候是正衬，如规律运动的月亮、白茫茫一片的水面；有时候也可以反衬，如萤火虫、香草构建的芦苇荡画面。

（3）读36段，思考：关于这段暴风雨的环境描写，是否可以去掉？为什么？

第36段环境描写有什么作用？

1. 写出了暴风雨天气的恶劣。
2. 渲染了紧张、恐怖的气氛。
3. 衬托杜小康紧张、害怕的心理。
4. 推动情节发展。
5. 为下文杜小康找鸭子铺垫，天气的恶劣，也为下文杜小康接受磨炼做铺垫。
6. 与后文雨后天晴时的明丽形成对比。

提示：在思考时，请同学们从景物特点这个源头入手。

明确：这一段环境描写通过描绘黑暗的天、河水、芦苇荡，歇斯底里的暴雨、爆裂的声音，写出了暴风雨的恶劣、无休无止，营造出恐怖的氛围。

提示：去掉这段环境描写部分，只读第一句和下一段，感受一下。（没有想法的话再提示：读文章要瞻前顾后，接下来是什么情节？如果去掉这段环境描写，对接下来的情节有影响吗？）

明确：推动情节发展，如果没有恶劣的暴风雨，鸭栏就不至于被冲破，鸭子就不会暴走，杜小康也就不会找鸭子，杜小康不找鸭子，鸭子就不会失而复得，鸭子不会失而复得，就不会有鸭蛋（为下文找鸭子做铺垫）。如果天气没有这样恶劣，也无法突出杜小康找鸭子时的坚毅。

问题：环境描写有推动情节发展的作用。在我们最近读的小说里，有没有典型的以环境推动情节发展的情节？如《水浒传》。

明确：《水浒传》中的《风雪山神庙》。如果不是风大雪大，林冲就不会出去买酒，也就不会看到山神庙，如果不是风大雪大，屋舍就不会被压塌，林冲就不会投奔山神庙，如果不是风大雪大，林冲就不会用石头堵住庙门，如果不是堵住庙门，林冲就没有机会听到密谋……

小结：环境描写在情节上有推动情节发展、为下文情节铺垫的作用。好的环境描写推波助澜，是促成叙事、人物变化的关键一环。

梳理这处环境描写在全文中的作用。（提示：从环境描写的特点入手）

写出了暴风雨天气的恶劣，渲染了紧张、恐怖的气氛，衬托杜小康紧张害怕的心理。推动情节发展，为下文杜小康找鸭子做铺垫。天气的恶劣，也为下文杜小康接受磨炼做铺垫。与后文雨后天晴时的明丽形成对比。

五、总结

这篇文章通过精妙的环境描写为杜小康构建了一个隐秘的精神世界：作者通过景物本身的特点向读者传达信息，营造氛围，让读者站在杜小康的视角体会杜小康独有的心理体验，从而展现杜小康的迷茫、孤独、恐惧感，随着环境描写的变化，人物心理也在变化。同时，环境描写的变化也促成情节的变化，这些手法共同为文章中心服务，让杜小康自然而然地完成成长蜕变之旅。

六、板书

孤独之旅
曹文轩

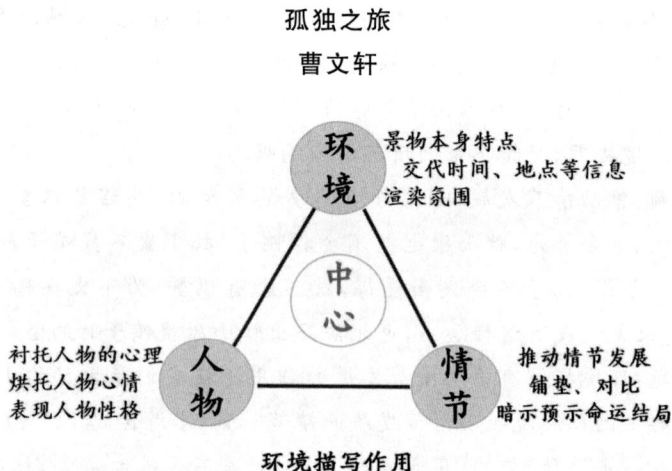

环境描写作用

七、简要评析

(一)本课教学设计的思路

从整个小说单元来看,在鉴赏小说人物时,三篇小说教学路径各有侧重:《故乡》侧重通过正面人物描写分析人物,《我的叔叔于勒》侧重通过情节变化分析人物,《孤独之旅》侧重通过侧面环境描写分析人物。

相比较而言,《孤独之旅》的文本有以下特点:

(1)前两篇小说的人物描写丰富、情节波澜起伏,而这篇小说的人物正面描写单薄,情节浅显易懂,缺乏戏剧冲突。主人公杜小康的语言描写仅有四句,神态、外貌、动作描写甚少,所以,在教学过程中,我们很难像教《故乡》那样,在分析正面描写的过程中体会人物心境。

(2)放鸭经历是让杜小康从家道中落的迷茫中解脱出来并逐步成长的关键节点,人物心理辗转变化。但不同于《我的叔叔于勒》极具戏剧化的情绪变化,杜小康的心理活动不是显性的,而是游走在不断变化的环境描写中。作者通过变换环境氛围、选择有意味的景物向读者传达杜小康的变化。所以,要窥探杜小康的内心世界,必然要解密环境描写。

(3)本文的环境描写作用丰富,基本涵盖了环境描写所有的作用,尤其是推动情节发展这一作用,是课本中难得的范例。所以,学生可以通过分析本课的环境描写,夯实环境描写作用这一知识点。

(4)本文四句语言描写也并非一无是处,它们恰好出现在杜小康孤独之旅的四个关键阶段,虽着墨不多,却能让读者明显感受到杜小康的心情变化。所以,学生可以通过抓取这种变化,快速感受文本主题,习得快速阅读并提取信息的方法。

由此确定教学主次:以分析环境描写作用为主,以梳理情节为辅。

学生所得设想:处于中下游水平的学生,掌握环境描写的基本作用,在考试中见到此种题型不至于无话可说。水平再高一点的学生,在此基础上再习得一点精准分析环境描写的方法,习得一些提取文本信息的思维方式。

(二)本课课堂效果

学生在解读本文主题时并没有太多障碍,有学生在谈初读感受时就可以概括文章内容,梳理清楚杜小康前后变化。但在分析第一处环境描写时有些流于表面,学生能分析到杜小康迷茫、孤独无依的心理特征,但无法深刻体会杜小康对自由的向往、对乏味单调生活的绝望。此环节之所以效果不佳,有以下原因:

(1)学生没有体验过杜小康式的孤独,在节奏较快的教学中,学生缺乏沉思时间,无法通过创设情境想象杜小康的生存状况。

(2)急于推进导致有些引导比较滞后,没有给学生搭好脚手架。

(3)有些引导设计并不精准。例如:"你什么时候才会注意月亮从哪升起、太阳从哪升起呢?"问题太碎,没有牵一发动全身的问题设置。我想创设情境引导学生用自己的生活经历体验杜小康的生活,但我创设的环境描写情境是孤立的,没有情节、人物命运的设定,学生很难设身处地。说到底,就是创设情境不充分,少了些体验式的活动设计。

《故乡》教学案

【教学目标】

1. 理清本文的情节脉络。

2. 学习运用对比刻画人物形象,表现主题的手法。

3. 体会作者渴望探索新生活,渴望纯真情感的强烈愿望。

【教学重点】

1. 理清本文线索和故事情节。

2. 运用对比手法塑造人物形象,揭示小说主题。

【教学过程】

一、导入

"希望是本无所谓有,无所谓无的。这正如地上的路;其实地上本没有路,走的人多了,也变成了路。"为什么鲁迅先生会在他的《故乡》一文中会发出这样感慨呢? 今天让我们随着他的文字,走进"故乡",走进"故乡"的人和事。

二、整体感知

请学生们速读课文,借助工具书扫除字词障碍,并以时间为序概括这篇小说的主要情节。

明确:小说以"我"回故乡的见闻和感受为线索,按照"回故乡""在故乡""离故乡"来安排情节。

第一部分(开头到"搬家到我在谋食的异地去")回故乡:"我"渐近故乡时见到的一片破败萧索的景象及当时的感触。交代了时间、地点、回家原因及心情。

第二部分(从"第二日清早晨"到"已经一扫而光了")在故乡:"我"在故乡期间的见闻和感受。着重刻画了闰土、杨二嫂等人物形象。

第三部分(从"我们的船向前走"到结束)离故乡:"我"离开故乡时种种感触,表现了作者改造旧社会、创造新生活的强烈愿望和坚定信心。

三、品读"故乡"之变

(1)请结合文本思考,"我"千里迢迢回到阔别二十余年的故乡,感受到的不是喜悦和激动,而是悲凉,到底是什么原因让"我"有此感受呢?

明确:是故乡的人、故乡的景发生了巨大的变化。

(2)细细品读文本,思考:二十余年的时间,再回故乡,谁的变化让"我"忍不住打起寒噤?

明确:闰土。

闰土的变化:

	少年闰土	中年闰土
外貌	十一二岁,紫色圆脸,头戴小毡帽,颈套银项圈,红活圆实的手——淳朴天真、可亲可爱	脸色灰黄,很深的皱纹,眼睛红肿,头戴破毡帽,身穿极薄的棉衣,浑身瑟索,手又粗又笨而且开裂,像是松树皮了——受尽生活折磨,命运悲惨
动作	雪地捕鸟、月夜刺猹——聪明勇敢,动作敏捷	只是摇头,脸上虽然刻着许多皱纹,却全然不动,仿佛石像一般——迟钝、麻木
语言	脱口而出、滔滔不绝(4个省略号,说明闰土心里有无穷无尽的稀奇的事,说也说不完)	吞吞吐吐,断断续续,谦恭而又含糊——迟疑麻木、痛苦难言(9个省略号,说明闰土心里有说不尽、道不明的苦处)
对"我"的态度	"只是不怕我","不到半日,我们便熟识了",送"我"贝壳和鸟毛,告诉"我"很多稀奇的事——情真意切,亲密无间	对"我"恭恭敬敬,称呼"我"为老爷,要水生"给老爷磕头",认为少年时的"哥弟称呼"是"不懂事",不成"规矩"。和"我"之间隔了一层可悲的厚障壁了——被封建礼教牢牢束缚
对生活的态度	捕鸟、看瓜、刺猹、拾贝、观潮——天真活泼、无忧无虑、对生活充满热情和希望	拣了"一副香炉和烛台"——悲哀痛苦,生活压得他喘不过气来。把希望寄托在神灵上

(交流学习过程中,进行朗读指导。在反复朗读中,感受"闰土"的前后变化)

(3)结合文本思考,是什么原因让中年闰土变得如此麻木痛苦,最终寄希望于神灵呢?

明确:多子、饥荒、税、兵、匪、官、绅,把一个活泼的少年折磨成凄惨的木偶人。闰土二十年后再见"我"时,极力克制内心闪现出来的欢喜;恭恭敬敬喊"老爷"等细节描写,可见尊卑观念给闰土心灵深处留下的创伤;对闰土要香炉和烛台细节的描写,进一步揭示他麻木的内心世界,他虔诚地渴望神灵的赐福,摆脱贫困与苦难,这样描写,可清楚地看到:闰土对苦难根源有直觉,但不理解;希望改变现状,却又无可奈何;他憧憬未来,却寄希望于渺茫的神佛保佑。

(4)背景补充:1911年的辛亥革命后,虽然封建王朝的专制政权被推翻了,但代之而起的是地主阶级的军阀官僚统治。在帝国主义的扶持下,军阀连年混战,横征暴敛,这双重的压迫,使广大农村日益经济凋敝,农民日益贫困化,他们过着饥寒交迫的和毫无政治权利的生活。

(5)引导学生进行总结:农村经济的日益衰败,农民生活的日益贫困,同时受封建思想、阶级观念的毒害,广大劳动人民精神麻木,隔阂顿生。

(6)思考交流:小说除了刻画闰土变化之外,还着重刻画了哪个人物的变化?作者这样安排的目的是什么?

明确:杨二嫂。

	二十年前	二十年后
肖像	年轻美丽:豆腐西施、擦着白粉,颧骨没有那么高,嘴唇没有那么薄	人老珠黄:"凸颧骨","薄嘴唇","细脚伶仃的圆规"
语言(对"我"的态度)	毫无交流	先闻其声,使出各种手段。唬:"这模样了";套:"不认识了么?我还抱过你咧";嘲:"贵人眼高";占:"你阔了……破烂木器,让我拿去罢";编:"放了道台,有三房姨太太,出门便是八抬的大轿";讽:"愈有钱,愈不肯放松"——虚伪的吹捧,尖酸的嘲讽
动作	终日坐着	"……慢慢向外走,顺便将我母亲的一副手套塞在裤腰里,出去了。""自己很以为功,便拿了那狗气杀,飞也似的跑了,……竟跑得这样快。"
对生活的态度	虽靠姿色招徕顾客,但仍是本分生活	搬弄是非(前天伊在灰堆里,掏出十多个碗碟来,议论之后,便定说是闰土埋着的,他可以在运灰的时候,一齐搬回家里去……)

（文章对杨二嫂的语言描写生动形象,指导学生通过朗读,体会二十年后的杨二嫂自私、尖酸、刻薄的特点）

明确:杨二嫂是当时社会既被侮辱、被损害,而又深受私有观念支配的村镇小私有者形象的代表,作者塑造她的形象有两个目的:一是用她的自私刻薄来对比衬托闰土的纯朴善良;二是用她的变化来说明城镇小市民的贫困化,从另一侧面反映了农村经济的破败,反映了当时社会的弊病。

师总结:闰土的前后巨大变化,与"我"的思想隔阂刺痛了"我"的心,引起"我"的思想上极大震动、悲哀、愤慨。哀其不幸,对他寄予无限同情;面对杨二嫂让"我"生厌的变化,"我"心生悲哀憎恶。小说运用对比手法,表现闰土和杨二嫂在二十余年里的巨大变化,揭示辛亥革命前后农村经济衰败的普遍性和严重性,广大农民和小市民生活的贫困不堪,封建迷信思想和等级观念对广大人民的毒害之深。这一切激发"我"热切要求推翻旧社会、创造新生活的革命精神,以及对革命任务艰巨性的深刻认识和实现理想的信心、决心。

（7）启发学生思考:二十余年的时间,变化的不仅仅是人,故乡的景也发生着巨变,请结合文章内容赏析。

一是记忆中的故乡,一是现实目睹的故乡。记忆中的故乡,色彩鲜明,是一幅"神奇的图画",现实的故乡一片荒凉、沉重、窒息,"远近横着几个萧索的荒村,没有一点活气"。

（8）交流探究:作者这样写的用意是什么? 为什么作者在最后一段再现记忆中故乡的美丽画面?

对记忆中的故乡和现实目睹的故乡的描写,作者采用了对比的写法。这样写,突出了现实故乡的每况愈下的变化,反映了在帝国主义和封建主义的残酷蹂躏下日趋破产的旧中国农村的社会现实。

小说最后一段,再现记忆中的美丽画面,这是"我"的美好希望的象征,更是"我"对新生活的想象和美好憧憬。

四、主题探究

小组合作,交流探究。

茅盾先生认为这篇小说的主题是"悲哀那人与人中间的不了解,隔膜。造成这不了解的原因是历史遗传的阶级观念",你同意吗? 请说说你的理由。

（1）作者刻画闰土二十余年间的前后变化，就是渴望纯真的人与人之间的关系，没有隔阂，没有阶级之分。

（2）作者刻画闰土和杨二嫂以及故乡二十余年间景色的变化，表现出中国社会愚昧、落后、贫穷的轮回。

（3）反映辛亥革命前后农村经济凋敝，农民生活贫困的现实，并揭示产生这一现实的根源。

（4）"故乡"是中国人精神的反映。从少年闰土的纯真、对生活充满热情和希望，到中年闰土的麻木、愚钝，表现中国普通的民众精神活力被抹杀的现实。

（5）表达对改造旧社会、创造新生活的愿望和信心。"希望是本无所谓有，无所谓无的。这正如地上的路；其实地上本没有路，走的人多了，也变成了路。"这句话比喻确切、含意深刻。它告诉我们只有希望而不去实践，等于没有希望。路是由人走出来的，希望是要经过努力才能实现。作者以路作比，形象地说明新生活要从斗争中获得。这表现了作者踏平路斩荆棘、争取新生活的勇气和信心。

五、布置作业

小练笔：故乡济南

"山泉湖河城"交相辉映的城市风貌，是上天赐予济南最宝贵的财富，在创建"全国文明城市"的过程中，济南城发生了哪些变化？请你选取感触最深的人和事，运用今天所学的对比写法写写济南故事。

六、简要评价

（一）教学目标确定

《故乡》是部编九年级上册第四单元的第一篇文章，这个单元是小说单元，单元目标是学会梳理小说情节，试着从不同角度分析人物形象，并结合自己的生活体验，理解小说主题。根据单元目标，结合本文文本特质，我将本文的教学目标定为：（1）理清本文的情节脉络。（2）学习运用对比刻画人物形象，表现主题的写法。（3）体会作者渴望探索新生活，渴望纯真情感的强烈愿望。

（二）文本特质探究

在研读文本过程中，我关注到本文的文本特质是运用对比手法刻画人物形象，表现主题。于是本课教学设计我将着重点放在对比写法的运用上,运用问题引导学生层层深入思考,从人物的外貌到精神,从现象到本质,由浅入深、循序渐进地赏析闰土、杨二嫂二十余年的变化,并探究人物变化的根源。

文章的导入部分,我选取文中作者的感慨语句"希望是本无所谓有,无所谓无的。这正如地上的路;其实地上本没有路,走的人多了,也变成了路"引导学生深度思考,让学生带着问题走进文本。

引导学生梳理小说故事情节之后,便抛出问题:"我"千里迢迢回到阔别二十余年的故乡,感受到的不是喜悦和激动,而是悲凉,到底是什么原因让"我"有此感受呢? 这样的设计是为了让学生能够在情感落差对比中感受故乡之变、人物之变,进而与学生一起探究本文运用对比刻画人物的写法。

在探究对比写法的过程中,我采用指导朗读的方法,帮助学生体会人物心理,赏析人物形象。赏析闰土时引导学生关注对话描写和省略号的朗读;赏析杨二嫂时,引导学生借助语言描写揣摩人物心理,通过朗读体会人物丰富的内心世界。(杨二嫂为了一己私利使出各种手段。唬:"这模样了";套:"不认识了么? 我还抱过你咧";嘲:"贵人眼高";占:"你阔了……破烂木器,让我拿去罢";编:"放了道台,有三房姨太太,出门便是八抬的大轿";讽:"愈有钱,愈不肯放松")通过一系列的朗读指导,帮助学生加深对小说人物的认识,引领学生探究二十余年间"故乡"发生变化的根源。

这篇小说的"变",仅赏析人物是不够的,所以在赏析完人物后我还设计了对故乡景物变化的赏析,探究环境描写的作用和意义,帮助学生们进一步理解这篇文章的主题。

(三)小说主题挖掘

对于主题的探究,为了激发学生的思维,我设计了:茅盾先生认为这篇小说的主题是"悲哀那人与人中间的不了解,隔膜。造成这不了解的原因是历史遗传的阶级观念",你同意吗? 请说说你的理由。对学生来说,这个问题有一定难度,借助小组合作探究来完成,引领学生们深入挖掘本文所蕴含的主题,帮助学生们读懂文章,读深文章,读透文章。

(四)课后作业布置

学以致用,引导学生运用对比写法塑造人物、表现主题。因此我将作业设置写作练笔:"山泉湖河城"交相辉映的城市风貌,是上天赐予济南最宝贵的财富,在创建"全国文明城市"的过程中,济南城发生了哪些变化？请你选取感触最深的人和事,运用今天所学的对比写法写写济南故事。这样设计的目的,是引导学生在生活中留心观察,关注生活中的普通人,运用对比写法表现济南创城新变化,写好济南故事,抒发真挚情感。

语文教学中,一篇文章可讲的点很多,我们该做何选择?我觉得最关键的还是抓住文章的文本特质,引导学生读懂、读深、读透,进而学以致用。

第四节　极简语文有效途径之四
——同课异构

《孔乙己》教学设计(一)

一、课堂导入

文坛巨匠鲁迅笔下曾塑造了很多经典的人物形象,如手持钢叉的少年闰土,细脚伶仃的圆规杨二嫂,富有伟大神力的阿长……今天,我们再来认识一位经典人物,他出自鲁迅最喜欢的一篇小说《孔乙己》。我们一起走进《孔乙己》。

二、课堂环节

(一)一读——众人眼中的孔乙己(可笑)

现在,请同学们默读整篇文章,梳理故事情节,标画出孔乙己的相关描写。

问题:众人眼中的孔乙己是什么样的?

可笑的:为什么这么说?/和大家不一样:哪里不一样?

他们在笑孔乙己的什么呢?请大家结合文本谈一下。

【没考上秀才】

孔乙己对此在意吗?"孔乙己立刻显出颓唐不安模样,脸上笼上了一层灰色",不屑置辩的孔乙己却颓唐不安了,可见他对中举与否的看重。

【自视清高、摆读书人的架子、迂腐】

"孔乙己是站着喝酒而穿长衫的唯一的人"——贫困却以读书人自居，爱摆读书人的架子，不愿与"短衣帮"为伍。

"他对人说话，总是满口之乎者也，叫人半懂不懂的"——用这种说话方式彰显读书人的身份。

"窃书不能算偷……"——偷书了却不愿承认，用歪理谬论粉饰自己，自欺欺人，故作清高。

"没有进学，又不会营生"——孔乙己宁愿偷书也不抄书。为什么？从小学孔孟之道，学的是"君子远庖厨"，"万般皆下品，惟有读书高"。他从思想上就鄙视劳动。像短衣帮众人一样贫困，却四体不勤、五谷不分，自然被笑话。

教师总结：孔乙己读过书却没中举，以读书人自居的他进不了上层社会却又看不起底层人民，他的自视清高和迂腐可笑让他变得不伦不类，成为众人的笑料。

(二)再读——你眼中的孔乙己(可悲)

小说特别注意人物的出场和退场，在一出和一退的变化中，我们往往能把握人物的命运脉搏。现在请大家以四人小组为单位，研读第4段和第11段，捕捉细微处的变化，体会孔乙己的命运。

师生交流几点即可：

【长衫——破夹袄】象征他身份的长衫没有了，曾自以为傲的读书人身份没有了。备受摧残的不仅是他的身体，更是精神世界。

【站着——坐着】腿被打折了。曾经自以为有尊严地站着，现在呢？没有尊严地坐着。

【青白脸色——脸上黑而且瘦】脸色的变化。脸色发黑写出被打后的身体非常差，不健康。

【分辩——不十分分辩】没有力气，也没有心气，也许是被打怕了，也许是不在意了。从争辩到不争辩反映出心理的巨大变化。低声说"跌断"，也看出他的爱面子，不知觉醒。

【排出九文大钱——摸出四文大钱】体会"排"字，无力炫耀。

【手】之前读书写字的手，现在沦为走路的工具，读之让人唏嘘不已。

现在，你看到了一个什么样的孔乙己？一个身体和精神备受摧残的孔乙己，命运悲惨的孔乙己。

探讨1：为什么作者非要安排他脱下长衫，穿上破夹袄退场？（为什么不能穿着长衫保留最后一点尊严呢？）

【孔乙己的长衫不是读书人真正的自尊，他身上的长衫只是他用来麻痹自己的精神胜利法。他整日好喝懒做，幻想着自己中举，并享受着自命不凡。长衫脱下，最终幻想破灭，作者是让他回归本来的身份，回到他本身的阶层。但愚昧固执的他又怎么能接受这样的现实，所以命运的车轮只能走向死亡。】

文章最后两段用两个特殊的时间点和掌柜说的话，交代了孔乙己的结局。

(三)三读——鲁迅眼中的孔乙己(可叹)

关注时代：文章写作时间是1919年3月，文中说"这是二十多年前的事"，也就是一八九几年清朝末年，那时还没有废除科举制度(1905)，孔乙己在那个时代有这样的一生，并没有什么值得惊异和唾弃的，他只是万千底层读书人中的一个，深陷泥潭，也没有自我救赎的能力。他最大的不幸是生不逢时，成为封建科举制度的牺牲品。

在鲁迅眼中，孔乙己是一个苦人，《孔乙己》写出了"社会对一个苦人的薄凉"。

关注创作背景，揭示主题：鲁迅创作《孔乙己》是在"五四"前夕。那时，科举制度虽已废除多年，但教育体系并未改变，许多知识分子还未摆脱封建思想的桎梏，深受其害。鲁迅写下孔乙己，是把封建文化中读书人的现实血淋淋地落于纸上，目的就是揭露封建教育制度对人们的毒害，警醒世人，破而后立。《孔乙己》是继《狂人日记》之后又一篇声讨封建社会和封建文化的战斗檄文。

探讨：为什么作者安排丁举人打断了孔乙己的腿，而不是其他人？（丁地主？丁乡绅？）

【通过读书人对读书人的残忍，写出了人性的扭曲。爬不上去就是注定悲剧的孔乙己，爬上去就是残暴的丁举人。进一步凸显了封建科举制度对人的摧残。】

封建文化对于人们的毒害，不只是孔乙己这些读书人，还有普通的民众，如短衣帮、酒店掌柜，甚至是小孩等。下节课可探讨。

三、推荐阅读

还有一位伟大的作家也犀利地看到封建教育的荒唐，他出身仕宦名门,后来屡困科场,家业衰落,经历世态炎凉之苦。晚年研究经学,穷困以终。他就是吴敬梓。他创作的《儒林外史》中形形色色的人,林林总总的事,无一不是封建科举制度的照妖镜,极具讽刺性。推荐大家阅读。

《孔乙己》教学设计(二)

导入:今天我们一起学习《孔乙己》,昨天的学案上有一个质疑问难环节,同学们提出了很多问题,我把问题汇总了一下,比较集中的有以下问题。

1. 为什么孔乙己不承认偷窃?

2. 为什么孔乙己这么落魄,却很少拖欠酒钱?

3. 为什么被打折了腿还来酒店喝酒?

4. 孔乙己满口之乎者也,怎么连个秀才也不是?

5. 孔乙己是读书人,为什么却沦落到如此地步?

6. 为什么大家都对孔乙己不幸的遭遇漠不关心?

7. 为什么后来掌柜不再提十九文钱的事了?

8. 孔乙己究竟去哪里了?

9. 为什么不明确写他的下落?

10. "大约孔乙己的确死了"这句话怎么理解?

11. 文章前两段好像和孔乙己没什么关系,为什么不删去?

12. 为什么丁举人家的东西偷不得?

13. 作者为什么要写一个"我"这样一个小伙计?

这些问题有的涉及人物形象,有的涉及句子理解,有的属于文章写作技巧,有的则是有关文章中心。有些问题比较容易回答,有些可能不容易解释,也有些在学习的过程中自然而然也就明白了。一节课的时间有限,我们尽量去解决。

一、感知人物形象

小说是以刻画人物为中心,通过完整的故事情节和具体的环境描写来反映社会生活的一种文学体裁。因此解读人物是解读小说的主要途径。首先我们要对孔乙己这个人物有一个准确的把握。

根据预习情况,请同学们说一说你眼中的孔乙己形象。

结合第 4、第 5 两个段落。学生回答。

着重分析孔乙己是站着喝酒而穿长衫的唯一的人。

既不属于短衣帮,也不属于长衫主顾的边缘人。这是他矛盾人格及悲剧命运的集中体现。

根据发言提炼人物形象。

二、品析课文,感受他人对孔乙己的态度,剖析孔乙己悲剧命运的深层原因

一个人的命运跟自己的性格密不可分,同时又和他的遭际有着紧密的联系。在本文中和孔乙己关联比较密切的有短衣帮、掌柜、小伙计和没有直接出场的丁举人。我们一起来看看他们对孔乙己的态度分别是什么样的。文章妙处须细品,一词一句见精神。请选出你最感兴趣的人物,结合文章语段中具体的词语、句子分析其对孔乙己的态度和你的独特感悟。预设四类人物,根据学生发言着重分析。

(一)短衣帮

品读第 4 段,范读。

"所有……都"说明无一例外"又添上新伤疤"中的"又"和"新",是在提示大家又发生了新的故事了。"叫"和"高声嚷"是为了让所有人都听得到,引起更多人的注意,故意让孔乙己出丑。

齐读第 6 段。

"你怎的连半个秀才也捞不到呢?"

小结:身上有伤疤的孔乙己面对众人的嘲讽,以沉默和"排"出九文钱来回击,此时的他尽管落魄,在短衣帮面前尚存精神上的优越感。所以当别人问他是否识字时他的反应是不屑置辩的神气。但是当他们提到为什么"半个秀才也没有捞到"时,他就"立刻颓唐不安""笼上一层灰色",像泄了气的皮球,彻底失去了反抗能力。

众人深知没有进学是孔乙己精神方面最深的痛,他们在孔乙己最深的伤口上撒盐以此得到暂时的快乐。当孔乙己痛苦地呻吟时,换来的却是他们的哄堂大笑!这就是麻木与冷漠。

假如当时你在场,你是否也会嘲笑孔乙己?

(二)掌柜

孔乙己是酒店的老主顾,掌柜对待这位老熟人又是什么样的态度呢?

哦! 改为句号 问号?

分析背后的心理。感叹？惊讶？好奇？冷淡？

第 11 段掌柜仍然同平常一样，笑着对他说（课件呈现）：

现在和平常一样吗？

读第 11 段，勾画孔乙己的变化

孔乙己原来青白的脸变得黑而且瘦，已经不成样子；

原来又脏又破的长衫也变成了破夹袄；也许是太破了没法再穿，也许是腿被打断无法再穿，但不管怎样，孔乙己最在意的长衫脱掉了，脱掉长衫的孔乙己也失去了他最后的地位与尊严。

原来坚持站着喝酒的他终于"坐"下了；可他是永远也不可能再站起来了。

依然是喜欢喝酒，原来的两碗酒、一碟茴香豆变成一碗酒；

面对别人的嘲笑原来涨红了脸、青筋绽出地极力争辩，现在却不十分分辩了；

原来"排"出九文钱显示阔绰和青白的他只能"摸"出四文大钱；

原本用来写字的手成了他走路的工具……

显而易见，现在的孔乙己和以前有大不同。可是掌柜和众人对他的态度丝毫没有改变。

当孔乙己恳求掌柜不要取笑的时候。

此时已经聚集了几个人，便和掌柜都笑了。

在这日益寒凉的冬日，比天气更凉的是人的冷漠与残忍。

同学们设想一下，假如有人告诉他孔乙己死掉的消息，他会有什么反应呢？

(三)小伙计

小伙计在酒店里的日常生活是一种什么样的状态？

只有孔乙己到店，才可以笑几声。（课件呈现）

> 　　酒店是一个凉薄世界,寒气逼人,没有一丝暖意;对小伙计来说,生活单调无聊。"只有"是唯一条件,孔乙己给"我"单调无聊的生活带来调剂。不只如此,孔乙己在"我"身上投入了极大的热情。

　　个别学生朗读第7段,勾画体现双方态度和反应的词语。(动作 语言 神态)学生读

　　孔:主动问"我"是否读过书——略略点一点头

　　考"我"茴香豆的写法—— 讨饭一样的人,也配考我吗? 回过脸去,不再理会

　　等了许久,很恳切——又好笑,又不耐烦,懒懒地答

　　极高兴——愈不耐烦,努着嘴走远

　　"我"毫不热心——(他)叹一口气 极惋惜

　　配:够格;相称。"我"认为孔乙己不够格教"我"。"我"是什么身份?其他人对待"我"的态度如何?而孔乙己呢?

　　很恳切 极高兴 极惋惜——愈不耐烦 毫不热心

　　教师总结:一老一少,一热一冷。短衣帮对孔乙己冷嘲热讽,以揭开伤疤为乐。小孩子是孔乙己唯一可能交流的对象,而孔乙己对孩子态度恳切、温和且富有爱心,可是从孩子的身上他也没有得到丝毫的安慰!换来的是鄙视,是嫌弃。

　　大家想:这个孩子长大后会怎样?

　　补充:当孔乙己最后一次出场的时候,作为小伙计的"我"是怎样做的,有人记得吗?

> 　　我温了酒,端出去,放在门槛上。
> 　　"我"甚至都不愿意把酒碗放到这个已经被打断腿的苦人、曾经给"我"单调的生活带来调剂的人手里。原本应该纯真无邪的孩子就在这样冷漠的土地上生长着。

(四)丁举人(没有出场)

他家的东西,偷得吗?

举人是进了学的读书人,算得上是读书人中的发达者,饱读圣贤书,可是对待同为读书人的孔乙己却比任何人都更加残忍冷酷,心狠手辣。

落魄则为孔乙己,得志则为丁举人。无论是发达者还是落魄者,他们都是科举制度的产物。同学们,你们说,这是不是对科举制度的一种讽刺?

三、探究主旨

孔乙己的结局究竟如何呢?

> 不一会,他喝完酒,便又在旁人的说笑声中,坐着用这手慢慢走去了。

余华读到这段文字时,有一种"子弹穿过身体的迅疾"的感觉。读完这句,你有什么感受?

这笑声熟悉吗?

孔乙己在笑声中出场,在笑声中生活,在笑声中渐渐走远,这笑声让我们体味着世态炎凉、人间冷暖。孔乙己有可笑的地方,他的迂腐故作清高,他的不伦不类的衣着和语言,但是他的不幸却并不可笑。

德国哲学家叔本华曾说:"没有一种动物是为了取乐而折磨另一种动物,但人却是如此,这一点构成了人的品性中极为残忍的特色,其恶劣程度远胜于纯然的野兽。"

那他去哪儿了呢?

> 孔乙己大约的确是死了。

这句话怎么理解?

大约是因为没有亲见,也没有人关注。"孔乙己是如此使人快活,可是没有他,别人也便这么过。"因为他可有可无,所以没人关心他的死活。时代赋予他的病态人格,而社会环境又是如此冷漠,他的死是必然。

鲁迅先生说《孔乙己》写出的是"一般社会对一个苦人的凉薄"。

苦人这里指的是孔乙己，一般社会指什么呢？

我们来关注一个很容易被忽视的地方，那就是这篇文章故事发生的场所：咸亨酒店。（照片）咸：全、都的意思；亨：通达、顺利的意思。咸亨，大家一起通达顺利。

大家：长衫主顾与短衣帮　掌柜与小伙计　边缘人孔乙己

不同身份 不同地位　掌柜是一副凶面孔，主顾也没有好声气。单调无聊乏味而又压抑。人与人之间的关系互不信任、互不关心，对于弱小，他们欺压、嘲讽，对于权势者曲意逢迎。咸亨酒店就是整个社会的投影。众人和他们所营造的冷漠压抑冷酷的氛围就是一般社会的情形。

掌柜让小伙计在酒中掺水，掺了水的酒味道会变薄，比酒更薄的是人情；比秋风更凉的是人心。

板书　凉　薄

造成孔乙己悲剧命运的原因到底有哪些呢？

［学生总结］

孔乙己的悲剧命运有其自身的原因，也有科举制度和时代的原因。人和人之间的冷漠所形成的网将身处其中的所有人都困在其中，不能自拔。

"我的取材，多采自病态社会的不幸的人们中，意思是在揭出病苦，引起疗救的注意。"

这是鲁迅当年的呐喊。同学们觉得鲁迅在呐喊什么呢？

今日之社会已不同于往日，如果我们不能与时俱进，成为更好的自己，我们也许就是今日孔乙己。如果我们不能怀着悲悯之心，对待我们的同类，我们就是今日之咸亨酒店的看客。鲁迅说："愿中国青年都摆脱冷气，只是向上走，不必听自暴自弃者流的话。能做事的做事，能发声的发声。有一分热，发一分光。就如萤火一般，也可以在黑暗里发一点光，不必等候炬火。"希望每个人都能成为更加完善的自我，希望人与人能用光与热彼此照耀，互相温暖，希望人与人之间能保持恒久的温度。因为"无穷的远方，无数的人们，都与我有关"。

第五章 极简语文之课外阅读

第一节 课外阅读调查问卷及思考

现在大家普遍认为语文教育出了问题，问题出在哪里？前几年，不停地争论语文姓什么，姓"语"还是姓"文"，其性质是"工具性"还是"人文性"，百家争鸣，好不热闹。争论的结果，还是折中主义，或许语文原本就是这样兼而有之。为什么非要泾渭分明？这大概也是受到西方学说的影响吧。中国的语文就注定有中国的特色，带有几千年文化烙印。就如中医，就如老子的"道"，就如"天人合一"，谁又能说得清楚？也是只能意会不能言传吧。这里都含有中国的元素、中国的特色。为什么偏要把中国的语文说出个姓甚名谁、子丑寅卯呢？关键是有必要吗？有用吗？

语文教育出了问题，这是不争的事实，也是许多有识之士的忧虑。现在的中学生错别字满篇，病句连连，阅读理解更是不懂，真的读不懂，诸多问题显而易见。问题出在哪里似乎也很清楚，那就是读书。语文是建立在读书的基础上的，可以说没有读书就没有语文。读书究竟出了什么问题呢？似乎还不能说清楚。于是我在组织全区 11 个学校进行了问卷调查，每校 50 张问卷，从调查学生阅读的基本状况（喜欢度、阅读时间、数量、种类、作用）、阅读品质（读书习惯、阅读方法、阅读速度、阅读广度)、学生阅读的环境(学校环境、图书馆等设施、学校读书活动)、家庭环境(藏书、家庭阅读氛围、家长对读书的态度)、(获得图书的途径)、学生阅读引领问题(谁在引领孩子阅读的方向,教师、家长、媒体、自己)、读书交流活动、学生阅读基础(学生所读之书、及对名著的了解程度)等五个方面了解学生阅读状况。

题目	选项	学校1	学校2	学校3	学校4	学校5	学校6	学校7	学校8	学校9	学校10	学校11	合计	百分比
你喜欢课外阅读吗	很喜欢	15	36	26	20	25	30	30	43	25	34	28	312	57%
	比较喜欢	24	10	18	18	16	12	15	12	21	11	17	174	32%
	一般	11	4	6	6	9	4	6	0	5	5	6	62	11%
	不喜欢	0	0	0	3	0	0	0	0	0	0	0	3	1%
	无所谓	0	0	0	3	0	0	0	0	1	0	0	4	1%
你是否喜欢语文课	挺喜欢	33	39	28	32	22	27	25	49	21	42	28	346	63%
	有点喜欢	12	9	16	12	18	—	18	5	26	7	16	139	25%
	一般	5	2	6	2	10	13	7	1	11	1	6	64	12%
	不喜欢	0	0	0	1	0	6	1	0	5	0	0	13	2%
	无所谓	0	0	0	1	0	0	0	0	12	0	0	13	2%

调查问卷给了我许多的启示,语文和阅读是一对孪生姐妹,如影随形。第一个题"你喜欢课外阅读吗",选"很喜欢"的占57%,选"比较喜欢"的占32%。选"一般"的占11%。第二个题"你是否喜欢语文"选"挺喜欢"的占63%,选"比较喜欢"的占25%,选"一般"的占12%。由此可见,语文与阅读之间关系密切。那么,是阅读影响了语文,还是语文影响了阅读?是先喜欢阅读还是先喜欢语文?这好像有点像鸡与蛋的问题了。不过还是希望语文在这个过程中能够发挥积极的影响,让喜欢阅读的人更多一些,喜欢语文的人更多一些,因为教育就是改变,向着好的方向改变。

题目	选项	学校1	学校2	学校3	学校4	学校5	学校6	学校7	学校8	学校9	学校10	学校11	合计	百分比
一周阅读时间	1小时以下	8	8	5	6	7	6	5	2	6	1	3	57	10%
	1～3小时	30	15	25	19	18	13	25	14	24	15	19	217	39%
	3～5小时	7	15	13	15	11	9	9	17	12	18	11	137	25%
	5小时以上	5	12	7	10	14	16	12	22	8	16	17	139	25%
一学期的阅读数量	没有	0	1	1	4	2	1	1	1	3	1	0	15	3%
	1～10本	46	33	43	18	32	21	33	36	34	41	35	372	68%
	10～20本	4	13	6	12	11	14	14	14	9	8	10	115	21%
	20本以上	0	3	0	8	5	9	3	4	3	0	5	40	7%
你希望学校安排课外阅读时间吗	很希望	19	33	41	37	29	33	35	50	41	32	42	392	71%
	比较希望	19	14	6	8	15	6	14	5	7	15	8	117	21%
	随便	12	3	3	4	5	4	2	0	2	3	2	40	7%
	不需要	0	0	0	1	1	1	0	0		0	0	3	1%
你认为课外阅读有什么作用	提高语文水平	38	23	15	34	28	21	29	31	36	20	44	319	58%
	增长见识	8	18	15	19	20	18	32	16	31	15	42	234	43%
	休闲娱乐	2	1	20	13	0	1	20	3	22	10	29	121	22%
	学会做人处世	2	5	10	22	2	5	11	5	22	3	44	131	24%
看书困难怎样解决	查资料	9	22	12	31	23	33	27	30	22	30	32	271	49%
	请教	40	20	8	27	25	16	21	20	23	19	25	244	44%
	跳过	1	4	21	3	0	0	8	0	10	1	2	52	9%
	不看了	0	3	9	2	2	2	0	4	2	0	0	24	4%

续表

题目	选项	学校1	学校2	学校3	学校4	学校5	学校6	学校7	学校8	学校9	学校10	学校11	合计	百分比
平时不读课外书是因为什么	作业太多没时间	40	39	16	37	35	44	36	49	41	39	43	419	76％
	没书看	6	7	7	8	10	1	12	4	6	6	4	71	13％
	不喜欢看	2	2	14	5	2	1	4	2	3	4	1	40	7％
	家长不让看	2	2	13	0	3	0	0	0	2	1	2	25	5％

57％学生喜欢阅读,71％希望开设阅读课,阅读时间还比较少,一周在阅读5小时以上占25％,1～3小时占39％,这样看来平均一天不到1小时。76％学生认为作业太多,没有时间读书。一学期阅读数量1～10本占68％,《义务教育语义课程标准》(2011版)规定每学年课外阅读量不少于260万字,每学期10本基本能够达到这个标准。读书目的,58％为提高语文水平,43％为增长见识,20％为休闲娱乐。

思考:学生喜欢读书但没有时间读,读书存在很强的功利性,学生读书为了提高语文水平。换言之,是为了语文成绩而读书,在这样的目的下,读书怎么会滋养心灵,怎么会体会到读书的乐趣呢?只有20％的学生认为读书是一种休闲娱乐,只有这些学生才体会到读书的乐趣,才可能持久地读下去。读书已经被异化,在应试教育的重压下,读书也自然变成这样。学生负担过重,作业量太大,学生没有自己的时间,没有精力读书。这都是学生自己所不能解决的问题。所以,面对孩子读书少的问题,我们不应该抱怨孩子,教育应该反思:我们给没给孩子空间。没有自由独立的空间谈何自由独立地发展。

一、阅读品质

题目	选项	学校1	学校2	学校3	学校4	学校5	学校6	学校7	学校8	学校9	学校10	学校11	合计	百分比
阅读一般现代文速度	约200/分钟	6	12	9	12	27	10	10	7	9	10	8	120	22％
	约300/分钟	20	25	23	24	13	14	21	27	14	26	29	236	43％
	约400/分钟	25	8	12	10	6	17	15	17	18	9	10	147	27％
	约500/分钟	0	5	6	4	8	5	4	5	4	3	3	47	9％
读了一本好书后,你会做什么	说给别人听	12	20	12	8	20	14	24	20	29	13	29	201	37％
	做读书笔记	20	14	10	21	15	17	12	15	5	15	10	154	28％
	运用于习作	15	15	9	22	15	13	20	20	19	19	21	188	34％
	看过就算了	3	1	19	6	0	1	1	—	9	3	1	44	8％
你经常看哪一类书	科普类	3	10	5	13	10	8	10	9	10	8	13	99	18％
	动画卡通	2	1	3	5	7	4	4	2	5	2	1	36	7％
	学习辅导	34	19	2	11	13	6	8	5	2	1		101	18％
	故事类	4	13	30	20	13	8	14	9	23	4	24	162	29％
	文学类	4	1	10	13	3	13	24	3	27	33	33	164	30％
	其他	3	6	0	0	4	7	6	0	8	2	3	39	7％

学生没有很好的阅读习惯,没有时间保证,平均一天不到 1 小时,很难说养成习惯。阅读一般现代文速度,22％约 200 字/分钟,43％约 300 字/分钟,27％约 400 字/分钟,9％约 500 字/分钟,《义务教育语文课程标准》(2011 版)要求七年级约 500 字/分钟。读一本好书后,37％愿意说给别人听,28％做读书笔记,34％运用于习作。阅读广度,阅读种类以文学故事类为主占 30％29％,科普类 18％。

思考:学生的阅读速度只有 9％的学生达到了课程标准要求,大部分学生远远低于标准。也从侧面说明学生阅读量太少,因为阅读速度必须在阅读实践中才能提高。学生喜欢文学故事类的书籍,但对科普类兴趣不大,学生阅读面不够宽。

二、阅读环境

题目	选项	学校1	学校2	学校3	学校4	学校5	学校6	学校7	学校8	学校9	学校10	学校11	合计	百分比
你家中拥有自己的书	10本一下	3	9	8	5	20	7	1	1	26	1	0	81	15%
	10~50本	42	31	10	23	15	20	21	15	6	24	9	216	39%
	50~100本	3	7	23	8	12	11	14	21	11	19	23	152	28%
	100本以上	2	3	9	4	3	7	16	18	17	6	20	105	19%
你家长在家读书吗	经常读	8	12	5	11	10	14	19	32	23	32	18	184	33%
	有时读	32	29	8	31	32	25	32	21	5	16	25	256	47%
	基本不读	10	9	37	8	8	7	2	2	16	2	0	101	18%
你获得书籍的途径	图书馆借	2	14	4	17	15	21	13	12	16	5	13	132	24%
	家长买	15	10	13	18	18	14	25	26	7	17	27	190	35%
	跟同学换	3	13	11	17	10	1	7	4	25	4	4	99	18%
	自己买书	30	13	22	25	7	10	24	13	—	24	31	199	36%
对课外书选择影响最大的是	同学	1	16	18	16	15	11	27	10	22	11	19	166	30%
	老师	40	29	21	23	26	22	15	34	13	25	22	270	49%
	新闻媒体	0	1	5	13	5	5	7	3	10	3	6	58	11%
	家长	6	4	6	19	3	1	11	6	7	2	12	77	14%
	其他	3	0	0	7	1	6	1	2	4	9	5	38	7%
老师对你的课外阅读有影响吗	影响大	8	8	21	7	30	3	4	15	9	15	0	120	22%
	一般	38	24	18	16	12	22	27	24	15	23	29	248	45%
	没有	4	18	11	28	8	20	19	16	20	12	18	174	32%
向你推荐新书的是谁	同学	15	26	7	29	23	13	26	18	17	12	32	218	40%
	老师	33	20	31	20	22	25	16	29	19	30	9	254	46%
	新闻媒体	0	2	6	9	2	3	4	3	11	5	0	45	8%
	家长	0	2	0	12	2	1	4	4	5	3	11	44	8%
	其他	2	0	0	0	1	3	3	1	6	0	0	16	3%

家庭藏书(适合学生的)10本以下15％,10～50本39％。家长在家经常读书的33％,有时读书47％,基本不读18％。

思考:学生的阅读环境并不理想,家长读书不够经常化,家庭缺乏阅读氛围,学生读书自然也就缺乏交流。就会影响学生阅读的成就感,学生缺乏持久的动力,即兴趣。家庭读书氛围差,直接影响学生的阅读兴趣。为了孩子,家长们多多读书吧,哪怕装作读书。

三、学生阅读面窄

学生最喜欢的书(部分学校):《西游记》《三国演义》《水浒传》《红楼梦》《简爱》《巴黎圣母院》《悲惨世界》《汤姆·索亚历险记》《鲁滨孙漂流记》《窗边的小豆豆》《繁星·春水》《青铜葵花》《老天会爱笨小孩》《钢铁是怎样炼成的》《爱的教育》。

思考:这些书大部分是教育部推荐篇目,也就是中考的范围,再加上一些上小学时老师推荐的,构成了学生的阅读的全部。课堂是教师主导下的课堂,课外也是教师主导下的课外,学生的自主在哪里呢? 充分说明学生不是真正地喜欢阅读,还没有阅读兴趣,自然也没有阅读的习惯,所以我们的语文依然上得很艰难。

第二节 整本书阅读策略

一、名著阅读教学存在的困境

《义务语文课程标准》(2011版)要求初中学生广泛地阅读各种类型的读物,课外阅读量"不少于260万字",并要求学生"每学年阅读两三部名著"。学校语文课外阅读目前未能有效达成课标要求,课外阅读的现状表现为以下几方面:

(1)课外阅读的时间没有保证,语文课程表没有开设名著阅读课,班级名著阅读尚停留在自觉和无序状态。

(2)学校实行课外读本进班级活动,但学生没有在校阅读的机会,图书馆和阅览室几乎被闲置。

（3）课外阅读书目缺乏统一规划，三个年级缺乏层级分类，阅读活动形式单一，学生缺乏对经典名著阅读兴趣，没有养成良好的阅读习惯，阅读方法欠缺指导。

（4）应试性名著阅读教学功利性太强，教师指导介入较少，缺乏阅读过程体验，知识灌输和死记硬背多，部分学生名著读得不全、读得不透，考试失分严重。

（5）缺乏名著美文滋养，读写脱离，学生思维僵化，虚假拼凑应试作文盛行。

二、原因分析

（1）有的名著年代久远，与学生现实生活脱节，加上文字比较艰深或者篇幅比较长，令不少学生望而生畏，浅尝辄止。

（2）由于沉重的升学压力，过量作业负担，严重压缩了学生阅读时间，压抑了学生阅读兴趣。

（3）语文教师承担着成绩压力，平时不敢耗费过多时间开展名著阅读活动，基本都放在课下让学生自己读，缺乏阅读过程细致督导和阅读效果诊断。

（4）很多学生家长更注重孩子的学习成绩，担心孩子看课外书籍耽误时间或产生负面影响。

（5）手机和电脑里的网络游戏、庸俗低级的网络文学、地摊文学、影视文学影响并左右着我们的学生的阅读，耗费着学生最美好阅读时光。

三、阅读课程目标

（1）充分挖掘经典名著精神激励效应、情感熏陶效应、明理言志效应，排除不良读物侵扰，围绕学校校训、办学理念，帮助学生树立正确的价值观、道德观、审美观；着眼立德树人，濡养学风，端正校风，营造书香校园。

（2）在完成教材要求必考阅读任务的同时，积极拓展课外阅读，使语文课程具有更大的范围和更完善的体系。

（3）通过课内名著阅读课培养学生的阅读兴趣，养成良好的阅读习惯,掌握正确的阅读方法,提高学生的阅读能力、文学鉴赏能力,开拓学生的精神世界和心灵空间,提高学生作文质量。

(4)通过课外拓展阅读为学生提供相对独立的自主阅读的时间和空间,有利于学生个性的发展,在阅读中丰富学生的体验,充盈学生的生命。

四、阅读课程结构

(1)以教育部推荐课外阅读书目为外延,结合经典课文适度拓展,增加新时代热点文学作品,分年级确定阅读课程的书目。

(2)开发单独阅读课程,先从初中起始年级试点,每个班级一周不少于一节阅读课。

(3)阅读课程分为名著内容导读、方法引路、圈点评注、读思讨论、诊断展示等主要板块。

(4)开展整本书阅读,任务性学案督导阅读全过程,纸质留档阅读轨迹,一本一册学案集展示评价,也可以电子版呈现,设置读书积分制,实行晋级名号奖励,名著阅读期末单独诊断考核,成绩按比例计入语文学科综合评价得分。

(5)阅读能力提升以速读训练、整体感知、局部探究、专题研讨、仿改展演为主,可以结合游学,开展名人名著足迹实地寻访活动。

(6)提倡师生同读,家长伴读,让阅读课程成为家校纽带,师生、亲子一起进步,共同成长。

(7)利用级部阅读课程公众号,成立相关多种趣味阅读文学社团,发展和培养学校读写精英,扩大交流空间,给学生更多展示机会,充分利用图书馆(室)、教学网络等资源,为学生课外阅读提供广阔天地。

五、课程开发具体措施

(一)做好书目选择和推荐

1. 教材要求名著阅读书目

课标要求学生阅读文学名著,读整本的书,最新部编教材初中七至九年级必读名著及已定选读名著书目：

七年级（上）必读书目：《朝花夕拾》:消除与经典的隔膜

鲁迅先生以一个成年人的感悟回忆童年以来的思想发展历程,他积极解剖自己、努力追求真理、探索救国救民道路的革命精神。在阅读时可以从鲁迅的童年、鲁迅笔下的人物、鲁迅的儿童教育观等方面展开阅读。感受鲁迅是怎样叫醒沉睡的国人。

《西游记》:精读与跳读

吴承恩善意的嘲笑与辛辣的讽刺,将自由、勇于反抗、惩恶扬善根植于读者体内。阅读时可把内容中的谚语俗语等摘抄下来,感受来自明代的智慧和汉语言传承的魅力。

七年级（上）自主阅读:《湘行散记》《白洋淀纪事》《猎人笔记》《镜花缘》

七年级（下）必读书目:《骆驼祥子》:圈点与批注

《骆驼祥子》真实地描绘了老北京时代一个底层人力车夫祥子的悲惨命运,他有理想、有追求,最终却在命运的捉弄下沉沦。读完可以试着给祥子写小传,可以探索祥子悲剧的原因,还可以品品作品里的"京味儿"。

《海底两万里》:快速阅读

在科幻小说《海底两万里》诞生那会儿还没有潜艇,但科幻大师凡尔纳已经把潜艇描绘得有模有样,体现了他渊博的知识、大胆的想象与严谨的推理,小说问世一百多年来,里面的很多想象已经变为现实,其预见性和前瞻性不言而喻,让我们不得不佩服大师的伟大。

七年级（下）自主阅读:《红岩》《创业史》《基地》《哈利·波特与死亡圣器》

八年级（上）必读书目:《红星照耀中国》:纪实作品的阅读

《红星照耀中国》是美国著名记者埃德加·斯诺的真实记录,是他自1936年6月至10月在中国西北革命根据地进行实地采访的所见所闻,向全世界真实报道了中国和中国工农红军以及许多红军领袖、红军将领的情况。毛泽东和周恩来是斯诺笔下最具代表性的人物形象。

《昆虫记》:科普作品的阅读

在经过专注的观察、不懈的探索后,法布尔用他的《昆虫记》向世人揭示了昆虫世界的奥秘。进入昆虫的世界,跟着蜣螂去抢粪球,跟着螳螂恐吓对手,听蟋蟀拉小提琴,帮蜘蛛装陷阱……学会观察,世界就会不只是我们所见到的世界。

八年级(上)自主阅读:《长征》《飞向太空港》《星星离我们有多远》《寂静的春天》

八年级(下)必读书目:《傅雷家书》:选择性阅读

《傅雷家书》向我们全面地展示了具有现代精神的中国传统书香门第的精神世界。父子谈话内容,涉及古今中外的宗教、戏曲、音乐、文学、哲学、绘画……还包括一部分理工科知识。

《钢铁是怎样炼成的》:摘抄和做笔记

本书讲述了保尔·柯察金从一个不懂事的少年到成为忠于革命的布尔什维克战士,再到双目失明却坚强不屈地创作小说,最终成为一块坚强钢铁的故事。这是一部深受我国读者喜爱的、影响了几代人的世界名著。

八年级(下)自主阅读:《苏菲的世界》《给青年的十二封信》《平凡的世界》《名人传》

九年级(上)必读书目:《艾青诗选》:如何读诗

艾青从生活的点滴中汲取力量,传达光明与希望,播撒忠诚和爱,永远忠实地带给我们以慰藉。他用饱含深情而又充满哲理的诗句,为我们在黑暗中带来乐观、坚强的指引。

《水浒传》:古典小说的阅读

这是一部用血与汗书就的抗争史,揭示了腐朽统治下的压迫与反抗的主题。感受宋公明的无奈、林教头的愤怒、武松的真英雄、鲁达的真性情,感受他们在困境中奋勇抗争、在危难时表现出的忠诚与勇敢,足以成为读者受用一生的给养。

九年级(上)自主阅读:《泰戈尔诗选》《唐诗三百首》《世说新语》《聊斋志异》

九年级(下)必读书目:《儒林外史》:讽刺作品的阅读

清代儒生大家吴敬梓的文笔,把人物性格刻画得深入细腻,尤其是采用高超的讽刺手法,真实地揭示人性被腐蚀的过程和原因,从而对当时吏治的腐败、科举的弊端、礼教的虚伪等进行了深刻的批判和嘲讽。

《简·爱》:外国小说的阅读

一个受过良好教育但社会地位卑微的女子的思索和抗争,感动了百年来每一位捧起《简·爱》的读者。书中这个瘦弱而勇敢的女孩用她的一生为我们诠释:人生可以平凡,但不能平庸。她追求平等自由的呼声是英国和世界文坛上一曲不朽的灵魂之歌。

九年级(下)自主阅读:《围城》《格列佛游记》《契诃夫短篇小说选》《我是猫》

2. 课本延伸阅读

由课文节选部分延伸至完整文章或作品。

由课文延伸作家其他作品。

由课文延伸到相似作品。

由课文延伸到相对作品。

(二)阅读课程时间保障

(1)每个班级一周一次(40分钟)课外阅读指导课。

(2)学生每天(包括节假日)课外阅读不少于30分钟。

(三)阅读课程教学流程

(1)阅读书目及作品指导。

(2)阅读方法指导:快速阅读、精读与跳读、圈点与批注、摘抄和做笔记。

(3)阅读积累:每天做好摘抄,每次不少于100字。

(4)有声阅读指导:朗读指导、背诵指导。

(5)阅读批注指导:疑问式、赏析式、感悟式、评点式、联想式。

(6)读后感的写法指导。

(7)读书交流展示活动指导。

(四)阅读课程学习任务

(1)坚持每天读书半小时,完成本周阅读任务单,以书为友,充实思想。

(2)坚持做好读书笔记,摘录美文警句,增加积累,每周两篇。

(3)认真完成阅读学案,坚持读书过程中记下自己的观点和看法,坚持每月至少撰写一篇读书心得。

（4）实践老师传授有效读书方法。如圈点勾画法、批注法、写读书笔记法、做读书卡片法、摘抄精彩片段法、撰写读书札记法。

（5）认真参加学校组织的各种读书活动，讨论交流自己的学习体会与心得，多反思，多总结。

（6）利用班级板报、手抄报、校园展示栏等文化阵地举行交流，还可开辟网络交流活动。

（7）每学期每人至少完成 3 本必读和 2 本选读，数量多多益善。

（五）学校课外阅读展示活动安排

（1）经典诵读会。
（2）主题读书征文活动。
（3）主题读书演讲比赛。

第三节　《水浒传》整本书阅读设计思路

一、案例背景

早在 20 世纪 40 年代，叶圣陶先生在《论中学国文课程的改订》一文中就已指出："现在的国文教材似乎该用整本的书，而不该是用单篇短章……退一步来说，也该把整本的书作为主体，把单篇短章作为辅佐。"而《普通高中语文课程标准》（2017 版）在"课程内容"部分也明确将"整本书阅读与研讨"作为语文学习任务群之一，并列出了详细的学习目标与教学提示。可以说，"整本书阅读"已受到广泛关注与重视，成为语文教学新的研究热点。

目前，尽管初中阶段还没有提出"整本书阅读"的要求，但部编版初中语文教材要求学生阅读 12 本指定名著。这 12 本名著分别是：《朝花夕拾》《西游记》《骆驼祥子》《海底两万里》《红星照耀中国》《昆虫记》《傅雷家书》《钢铁是怎样炼成的》《艾青诗选》《水浒传》《儒林外史》《简·爱》。

应该怎样指导学生阅读这些名著,如何在细读中培养学生的思辨能力,如何在读写结合中提升语文素养,如何在"读经典、学思辨、练读写"的指导中实现"三位一体"的综合效益,是我始终思考的问题。

在教学实践中,我尝试阶段设计,按照读过、读懂、会读三阶段逐层深化学生理解,取得较好效果。下面以《水浒传》整本书阅读设计为例进行描述与分析。

二、案例描述

(一)读过:任务驱动

读过,就是要求所有学生参与到名著阅读中来。在教师的要求与指导下,学生带着自己的阅读"初感"完成一定的阅读任务。阅读任务的设计需要有趣味性、挑战性,还要情境化。

我曾设计了三个《水浒传》的阅读任务。第一个阅读任务是以人物为线索,精读+跳读,在梳理情节的基础上为人物立传。选择《水浒传》中五个关键人物:林冲、杨志、宋江、武松、鲁智深。然后将书中涉及这个人物的回目集中起来,便于学生阅读和写作。第二个阅读任务是让学生为自己喜欢的英雄人物画像,显示人物特色。第三个阅读任务是评选"我最喜欢的水浒英雄"并说明理由。

除了任务驱动外,还需要有阅读诊断。学生读完《水浒传》之后,我曾经对学生进行过如下诊断。

阅读诊断一:绰号连连看

林冲	九纹龙
鲁智深	豹子头
李逵	花和尚
宋江	小李广
吴用	智多星
杨志	赤发鬼
史进	鼓上蚤
秦明	霹雳火
时迁	黑旋风

刘唐   青面兽

索超   急先锋

花荣   呼保义

阅读诊断二:英雄事迹选选看

①误入白虎堂②拳打镇关西③风雪山神庙④景阳冈打虎⑤三打祝家庄⑥智取生辰纲⑦怒杀阎婆惜⑧倒拔垂杨柳⑨棒打洪教头⑩大闹野猪林⑪大闹五台山⑫血溅鸳鸯楼⑬沂岭杀四虎

鲁智深:

林冲:

武松:

宋江:

吴用:

李逵:

"读过"是名著整本书阅读设计的第一环节,也是基础环节。名著阅读首先要读,如果没有阅读,或者阅读不充分,就会影响后续活动的开展。

(二)读懂:文本细读

李卓吾评水浒人物:"同而不同处有辨。如鲁智深、李逵、武松……都是急性的……,各有派头,各有光景,各有家数,各有身份,一毫不差,半些不混,读去自有分辨。"(《明荣与堂刊水浒传》第三回评语)

金圣叹也曾指出,《水浒传》中的英雄人物,光是"粗卤"这一性格特点,就有许多写法:"鲁达粗卤是性急,史进粗卤是少年任气,李逵粗卤是蛮,武松粗卤是豪杰不受羁绊,阮小七是悲愤无处说,焦挺粗卤是气质不好。"(《读第五才子书法》)可见,《水浒传》这本书的精华即在于人物形象的塑造。所谓文本细读,就是要通过人物的动作、语言等读出人物的"派头""光景""家数""身份"。

例如,我曾经将不同人物的语言罗列出来,让学生揣摩语气、分辨人物。

(1)今朝都没事了,哥哥便做皇帝,教卢员外做丞相,我们都做大官,杀去东京,夺了鸟位子,却不强似在这里鸟乱!

(2)中心愿平房,保民安国……望天王降诏早招安,心方足。

（3）招安，招安！招甚鸟安！只一脚，把桌子踢起，踹得粉碎。

（4）你怕我敢挣扎？哥哥剐我也不怨，杀我也不恨。除了他，天也不怕！

（5）他与我身上情分最重，如骨肉一般，因此潸然泪下。

（6）只今满朝文武，俱是奸邪，蒙蔽圣聪，就比俺的直裰（zhí duō）染做皂了，洗杀怎得干净？招安不济事！

除了对人物的语言进行细读之外，我还就《水浒传》的题目及主题与学生讨论。

例如，为学生提供如下阅读材料来反思题目的深意。

"水浒"二字出自《诗经》：古公亶（dǎn）父，来朝走马。率西水浒，至于岐下。——《诗经·大雅·绵》

意思是说，古公亶父一大清早骑着奔跑的马儿，顺着西方的水边，一直来到岐山之下。《诗经》中说："普天之下莫非王土，率土之滨莫非王臣。"这是说：帝王的疆域也是只到水边，那么，水的那边又是什么？

再如，为学生提供如下材料：

《水浒传》是我国第一部全面描写农民起义和农民战争的长篇章回小说。它以北宋末年史书记载的宋江起义作为主要依据，结合民间传统的戏曲、话本中有关故事加工创作而成。

小说以农民起义的发生、发展为主线，通过一百零八位传奇式英雄被逼上梁山的不同经历，描写出他们由个体觉醒到发展为盛大的农民起义队伍的全过程，表现了"官逼民反"这一封建时代农民起义的必然规律，塑造了农民起义领袖的群体形象，深刻反映出北宋末年的政治状况和社会矛盾。郑振铎先生在他的《中国文学》中曾以一条弧线表示《水浒传》的结构，这条弧线以"误走妖魔"为起点，步步上升，至梁山英雄排座次到达顶点，此后便逐渐下降，至"魂聚蓼儿"降至终点。

作者站在被压迫者一边，通过对一百零八位英雄的描写，概括了当时不同阶层的人们在漫长的封建社会中从觉醒到反抗的斗争道路。像鲁智深的反恶霸，林冲的受凌辱，宋江的被迫害，武松报杀兄之仇，晁盖、吴用劫取不义之财，以及浔阳江上的张横、张顺，揭阳岭上的李俊、李立，梁山泊岸边的阮氏兄弟等，他们都是由于受迫害而不得不起来反抗，从而汇成一股狂波巨澜，奔向梁山泊。小说歌颂了农民起义领袖们劫富济贫、除暴安良的正义行为，肯定了他们敢于造反、敢于斗争的革命精神。

结合以上材料提出的问题是:你是否同意《水浒传》是一部描写农民起义的小说?这样一部揭露朝廷腐败的小说,何以会得到朝廷的许可,得以流传至今?

"读懂"是名著整本书阅读设计的第二个环节。这个环节既要有大问题如文本主题的探讨,又要有对文本细节的精读。只有如此,才可以说学生"读懂"了。

(三)会读:专题探究

《水浒传》塑造人物的成功仅仅从"绰号""事件""语言"来分析是不够的。到底因为什么,林冲成了林冲,鲁达成了鲁达,武松成了武松……而且他们都是独一无二的?

针对这个问题,我设计了一节专题探究课——"作家如何塑造英雄"。这节课我依照逆向设计的原则,以终为始,首先确定学习目标与学习证据:

学习目标	学习证据
我能够理解作家是如何塑造英雄的,并且尝试自己塑造	课堂任务单与小练笔《他/她》
我可以继续思考:什么是英雄?英雄是否是完美的?英雄有没有时代性?	小论文:英雄 or 奴才

这节课以林冲、鲁智深与武松为例,探讨施耐庵是如何塑造英雄的,最终得出结论:作家在塑造英雄的时候,首先想到的是要把他塑造成一个有血有肉的人。英雄正是因为他有所缺陷的"人性",而成为了独一无二的"这一个"。

本节课主要借助语言品析的方法来进行讨论,具体包括三种方式:(1)找"动词",透过动词我们可以洞悉人物的心灵。(2)抓"语言",语言是心灵的外化。(3)咬文嚼字,小细节大信息。

本节课具体内容如下:请阅读以下内容,思考:施耐庵是如何塑造英雄的?

(一)

(1)当时林冲扳将过来,却认得是本管高衙内,先自软了。

(2)林冲猛省道:"这节堂是商议军机大事处,如何敢无故辄入!不是礼!"急待回身,只听得靴履响,脚步鸣,一个人从外面入来。

(3)林冲告道:"太尉不唤,怎敢入来?见有两个承局望堂里去了,故赚林冲到此。"

(4)林冲告道:"恩相明镜,念林冲负屈衔冤!小人虽是卤的军汉,颇识些法度,如何敢擅入节堂。"

(5)林冲哪里敢回话,自去倒在一边。

(6)林冲道:"上下方便!小人岂敢急慢,俄延程途;其实是脚疼走不动!"

(7)林冲道:"上下要缚便缚,小人敢道怎的。"

(8)林冲不敢抬头。

(9)林冲道:"小人却是不敢。"

(10)林冲骂道:"奸贼!我与你自幼相交,今日倒来害我!怎不干你事?且吃我一刀!"把陆谦上身衣扯开,把尖刀向心窝里只一剜,七窍迸出血来,将心肝提在手里,回头看时,差拨正爬将起来要走。

(11)林冲按住,喝道:"你这厮原来也恁的歹,且吃我一刀!"又早把头割下来,挑在枪上。回来把富安、陆谦头都割下来,把尖刀插了,将三个人头发结做一处,提入庙里来,都摆在山神面前供桌上。再穿了白布衫,系了搭膊,把毡笠子带上,将葫芦里冷酒都吃尽了。被与葫芦都丢了不要,提了枪,便出庙门投东去。

总结一:通过以上文字,你发现施耐庵何以把林冲塑造得如此深入人心?

迁移任务:能否在《水浒传》中再找一处例子来说明这种塑造方法?

续表

（二） （1）鲁达听了道："呸！俺只道那个郑大官人,却原来是杀猪的郑屠！这个腌泼才,投托着俺小种经略相公门下做个肉铺户,却原来这等欺负人！" 回头看着李忠、史进,道："你两个且在这里,等洒家去打死了那厮便来！"史进、李忠抱住劝道："哥哥息怒,明日却理会。"两个三回五次劝得他住。 （2）鲁达只把这十五两银子与了金老,分付道："你父女两个将去做盘缠,收拾行李。俺明日清早来发付你两个起身,看那个店主人敢留你！" （3）店小二拦住道："金公,哪里去？" 鲁达问道："他少了你房钱？" 小二道："小人房钱,昨夜都算还了;须欠郑大官人典身钱,着落在小人身上看他哩。" 鲁提辖道："郑屠的钱,洒家自还他,你放了老儿还乡去！"	总结一:通过以上文字,你发现施耐庵塑造鲁达的方法是什么？ 迁移任务:能否在《水浒传》中再找一处例子来说明这种塑造方法？
（三） 宋江叫宋清身边取出一锭十两银子送与武松。武松哪里肯受,说道："哥哥客中自用盘费。"宋江道："贤弟,不必多虑。你若推却,我便不认你做兄弟。"武松只得拜受了,收放缠袋里。宋江取些碎银子还了酒钱,武松拿了哨棒,三个出酒店前来作别。武松堕泪拜辞了自去。 （2）武松就灵床子前点起灯烛,铺设酒肴。到两个更次,安排得端正,武松扑翻身便拜,道："哥哥阴魂不远！你在世时软弱,今日死后,不见分明！你若是负屈衔冤,被人害了,托梦与我,兄弟替你做主报仇！"把酒浇奠了,烧化冥用纸钱,便放声大哭,哭得那两边邻舍无不凄惶。 （3）那妇人见势不好,却待要叫,被武松脑揪倒来,两只脚踏住他两只胳膊,扯开胸脯衣裳。说时迟,那时快,把尖刀去胸前只一剜,口里衔着刀,双手去挖开胸脯,抠出心肝五脏,供养在灵前;胳察一刀便割下那妇人头来,血流满地。四家邻舍眼都定了,只掩了脸,看他忒凶,又不敢劝,只得随顺他。	总结一:通过以上文字,你发现武松这个人物有怎样的特点？

续表

(4)武松伸手下凳子边提了淫妇的头,也钻出窗子外,涌身望下只一跳,跳在当街上;先抢了那口刀在手里,看这西门庆已跌得半死,直挺挺在地下,只把眼来动。武松按住,只一刀,割下西门庆的头来;把两颗头相结在一处,提在手里;把着那口刀,一直奔回紫石街来;叫士兵开了门,将两颗人头供养在灵前;把那碗冷酒浇奠了,又洒泪道:"哥哥灵魂不远,早升天界!兄弟与你报仇,杀了奸夫和淫妇,今日就行烧化。"	迁移任务:能否在《水浒传》中再找一处例子来说明这种塑造方法?

"作家如何塑造英雄"中关于"林冲"形象的讨论及课堂实录

林冲实在是一个独一无二的人物形象。

他的独一无二就在于他有太多的不敢,但当他被逼上绝路时又爆发出那样大的力量。他"算得到,熬得住,把得牢,做得彻,都使人怕"(金圣叹语)。

其实,林冲还是那个林冲,如果说前后有所变化,那就是他原来还抱有一点幻想,但后来却是绝望。绝望到上天无路下地无门的时候,于是他奋起反击,其决绝程度让人胆寒。

林冲是个被逼出来的英雄,他在全书出现很早,但在林教头风雪山神庙、梁山火并杀掉王伦之后彻底沉寂,直至最后得病而死,始终是一个毫无个性的人。可以说,在杀王伦之后,林冲这个形象便已死去。

然而,这样一个如流星般闪过的英雄,却是我们很多人的精神写照。正如鲍鹏山先生所说,每个人心中都有一个林冲:在权力之统治下,有所顾忌,对未来抱有幻想,而一味地委曲求全、忍辱含垢。相信,每一个这样的人,都渴望会有山神庙的那场风雪,渴望绝地反击,将破碎不堪的生活重新粘合起来,或者干脆去创造新的生活。可是多数人被生活彻底击败,再也没有抬头的一天。而林冲恰恰实现了我们精神的想象,虚拟地满足了我们心中的愿望。

可以说,人人都有可能是林冲,但并非人人都会是林冲,因为都有可能,所以他典型;因为并非人人是,所以他深刻。

"林冲"形象讨论的课堂实录

课堂活动一：

【材料】

(1)当时林冲扳将过来,却认得是本管高衙内,先自软了。

(2)林冲猛省道:"这节堂是商议军机大事处,如何敢无故辄入! 不是礼!"急待回身,只听得靴履响,脚步鸣,一个人从外面入来。

(3)林冲告道:"太尉不唤,怎敢入来? 见有两个承局望堂里去了,故赚林冲到此。"

(4)林冲告道:"恩相明镜,念林冲负屈衔冤! 小人虽是卤的军汉,颇识些法度,如何敢擅入节堂。"

(5)林冲哪里敢回话,自去倒在一边。

(6)林冲道:"上下方便! 小人岂敢怠慢,俄延程途;其实是脚疼走不动!"

(7)林冲道:"上下要缚便缚,小人敢道怎的。"

(8)林冲不敢抬头。

(9)林冲道:"小人却是不敢。"

(10)林冲骂道:"奸贼! 我与你自幼相交,今日倒来害我! 怎不干你事? 且吃我一刀!"把陆谦上身衣扯开,把尖刀向心窝里只一剜,七窍迸出血来,将心肝提在手里,回头看时,差拨正爬将起来要走。

(11)林冲按住,喝道:"你这厮原来也恁的歹,且吃我一刀!"又早把头割下来,挑在枪上。回来把富安、陆谦头都割下来,把尖刀插了,将三个人头发结做一处,提入庙里来,都摆在山神面前供桌上。再穿了白布衫,系了搭膊,把毡笠子带上,将葫芦里冷酒都吃尽了。被与葫芦都丢了不要,提了枪,便出庙门投东去。

师:请大家找找,材料(2)—(9)中,有哪些信息是反复出现的?

学生低头圈画信息

生 1:材料(2)—(9)都写到了"敢"这个字。

师:林冲"敢"吗?

生 1:不敢。

师:也就是说,处处写"敢",实际上都是在写"不敢",林冲"不敢"。用一个字来讲就是?

生争着说:怕!

师:是的,林冲怕! 林冲怕的一个集中的表现就是第(1)则材料。请同学们表演一下。

生表演:"林冲"气愤地冲向正在调戏自己妻子的"高衙内",一把抓住了他的衣服,待"高衙内"转过身来,林冲高举在空间的手放了下来。表演完,学生鼓掌。

师:两位同学的表演有情境,有人物,表演可圈可点。下面请大家想想,能否给"林冲"一点建议,让他表演得更好!

生2:我觉得"林冲"的手不应该放下来。

师:如果是你,你会怎么表演?

生2:如果是我,我会将拳头停在空中,虽然已经"软"了。

生3:一直停在空中也不行,应该慢慢地放下来,不应该那样快。

师:你来表演一下行吗?

生3表演,手高高举起,然后慢慢地落下来。

生鼓掌。

师:同学们的掌声是对你表演最好的肯定。现在老师想采访一下你,你能说说你在表演时的感受吗?

生3:林冲心里很气愤,所以应该攥着拳头,但是林冲看到是高衙内的时候,因为害怕高衙内背后的"高俅",所以攥着的拳头软了,然后慢慢落下来。

师:你触摸到了林冲的心理。一个"先自软了",集中刻画了此时林冲内心的怕!

课堂活动二:

师:下面请大家看看材料(10)—(11),圈一下里面的动词。

学生找到如下内容:

林冲骂道:"奸贼!我与你自幼相交,今日倒来害我!怎不干你事?且吃我一刀!"把陆谦上身衣扯开,把尖刀向心窝里只一剜,七窍进出血来,将心肝提在手里,回头看时,差拨正爬将起来要走。

林冲按住,喝道:"你这厮原来也怎的歹,且吃我一刀!"又早把头割下来,挑在枪上。回来把富安、陆谦头都割下来,把尖刀插了,将三个人头发结做一处,提入庙里来,都摆在山神面前供桌上。再穿了白布衫,系了搭膊,把毡笠子带上,将葫芦里冷酒都吃尽了。被与葫芦都丢了不要,提了枪,便出庙门投东去。

师:透过这些动词,大家有什么发现?

生4:我发现林冲很可怕。

师:刚才我们说是林冲怕别人,现在是我们怕林冲。那么林冲可怕在何处?

生5:"扯""剜""割""挑"这些词,让人感觉林冲武艺很高,非常凶狠。

生6:差拨正爬将起来要走,林冲摁住,又把头割下来。林冲赶尽杀绝,让人害怕。

师:还有吗?

生沉思。

师:提示一下,大家有没有发现,刚才我们找到的这些动词,其实有两种节奏。

生7:林冲杀人的动作都比较快,比较狠,但是后来就慢了下来。

生8:我觉得林冲可怕在于,他杀了三个人,可是杀完之后,他还能慢悠悠地穿衣服喝酒。

师:是啊,来,我们一起读一下最后两行:"再穿了白布衫……"

生齐读。

师:大家读出了什么?

生9:读出了林冲的从容。

生10:我读出了林冲的淡定。

生11:我觉得林冲像是什么事情都没发生一样。

生12:我觉得林冲找到了方向。

师:大家说得真好!林冲的可怕就在于他做得彻底!就在于他连杀三人之后的从容、淡定的状态!这种状态之前是没有的,因为之前林冲怕!而此时林冲不再怕,他是一只从笼子里蹿出来的猛虎,他不仅已经逃了出来,而且知道森林的方向。

师:同学们,大家想想,林冲何以是林冲?是什么让林冲成为了一个不朽的人物形象?难道仅仅因为他是八十万禁军教头,武艺高强?

生13:林冲之所以是林冲,是因为他除了武功高强之外,他做事情很彻底。

生14:我觉得是因为林冲之前不敢,后来反抗,林冲前后有变化。

师:是的,鲍鹏山先生说:每一个人心中都有一个林冲。林冲是很多现实中人的命运,所以老师写了一段话,请大家记下来:不敢是人之常情,不敢得忍辱含垢,反抗得彻彻底底却是独一无二。

【总结屏显】

作家在塑造英雄的时候,首先想到的是要把他塑造成一个有血有肉的人。英雄正是因为他有所缺陷的"人性",而成为了独一无二的"这一个"。

三、案例分析

(一)初中名著整本书阅读设计要突出阶段性特点

特级教师胡立根提出,教学要形成知识智能向学生的正向流动,教师与学生之间、教学内容与学生现有智力水平之间,必须保持足够的势差。

初中名著整本书阅读按照读过、读懂、会读这三个阶段来设计,就是在凸显学习内容与学生认知水平之间的"势差"。

读过,就是通读。在任务驱动之下让学生通读一本名著,了解其基本内容。这个阶段因为是学生刚刚接触这本书,故而主要停留在知识层面上。阅读《水浒传》,这一阶段最重要的任务是了解水浒一百单八将中主要人物的绰号及主要事迹。又因为《水浒传》整本书采用环环相扣的链式结构,一个人物的事迹往往散落在不同章回之中,因此可以采用"为人物写小传"的方式帮助学生全面地了解主要人物。

读懂,就是要对名著的主题、人物、情节有较为深入的探究。这一阶段是在学生"读过"的基础上的提升。孙绍振教授指出:"自然科学或者外语教师的权威建立在使学生从不懂到懂,从未知到已知。而语文教师,却没有这样的便宜。他们面对的不是惶惑的未知者,而是自以为是的'已知者'。"

在学生自以为"已知"的时候,通过几个问题让学生意识到在"已知"的背后的"未知",这就会形成"势差",继而才有可能提升学生的思维能力与认知水平。《水浒传》整本书阅读在"读懂"这一阶段,就主题探究,我设计了"题目的深意""《水浒传》是否在写农民运动""《水浒传》既然揭示统治阶级的腐败没落,何以会得到朝廷的许可,流传至今"这三个问题。在人物塑造方面,我抽取不同人物的语言,让学生揣摩语气、判断人物。这个活动较之于读过阶段记忆人物绰号及主要事迹,明显要难得多。要完成这个任务,学生需要对主要人物的特点有自己的理解与判断,并初步感受施耐庵小说人物形象的塑造艺术。

会读阶段,是对名著阅读的内容进行整合之后的专题探究。如果说读懂是对读过的一次整合,那么会读就是对读懂的进一步整合。《水浒传》整本书阅读的专题探究课为:作家如何塑造英雄。这节课是对《水浒传》人物塑造的专题探究课。它不同于读懂阶段对人物的碎片式理解,也不是仅限于《水浒传》本身,而是要以《水浒传》为例探讨所有伟大作家塑造英雄的秘密。可以说,这既是对《水浒传》整本书阅读的总结,也是以《水浒传》为跳板,向古今中外所有伟大作品英雄塑造艺术的飞跃。因为从根本上来讲,书是读不完的,每一本书的阅读都是为了实现与下一本书的对接,最终形成对一类书的整体认知。

总之,读过、读懂、会读三阶段要形成整本书阅读的梯度与势差,坚持从内容向形式的升华,坚持从"这一本书"向"这一类书"的飞跃,这样才能有步骤地系统地提升学生的语文核心素养。

初中名著整本书阅读设计要突出文本特质。

就像每一篇课文都有自己的文本特质一样,每一本书也有自己不同的文本特质。因此指导学生进行整本书阅读的时候,活动的设计与问题的提出都应该贴着这本书的文本特质而行。

《水浒传》这本书最突出的特点就是人物塑造栩栩如生且各具特色。虽不像金圣叹所说"人人有其声口",但一百单八将中起码有四分之一的人物是有鲜明特点的。基于此,《水浒传》的整本书阅读设计就必须要紧紧贴着人物塑造这条红线进行。于是,就有了人物绰号及事迹、为水浒英雄写小传、评选"我最喜欢的水浒英雄"并画像、探究人物语言与人物间的对应、探究作家如何塑造英雄等这一系列的阅读活动设计。

再比如,《红星照耀中国》的文本特点在于其纪实性。真实就成了这本书阅读设计的关键。因此,在去红区之前斯诺的真实想法如何?红区的真实状况如何?国共内战的真实情况如何?以及斯诺是如何表现真实的?……这一系列围绕真实展开的阅读任务就是真实且有效的。

再比如《简·爱》。这是一本有关爱情、自由、尊严等话题的具有鲜明女性主义倾向的小说。教师在设计这本书的阅读任务时,关键要紧扣"简·爱的选择"。在这本书中,简爱在面对表兄的欺负、面对舅妈的虐待、面对雷沃德学校艰苦的学习生活、面对有妇之夫的罗切斯特先生、面对圣约翰的求婚、面对"从天而降"的一大笔遗产、面对已经残疾的昔日的恋人，等等，她都要做出选择。是顺从还是拒绝，这在简·爱是一个问题，对我们每个人来讲何尝不是考验？因此，只有抓住了"选择"，真正走进简·爱这个人物的内心，才能实现《简爱》整本书阅读的人文价值，实现"立德树人"的教育目的。

综上所述，抓住文本特质来进行整本书阅读设计是指导学生整本书阅读的科学之路，也是必由之路。

（二）初中名著整本书阅读设计要"以学定教"

"作家如何塑造英雄"这节《水浒传》专题探讨课的设计初衷，源于学生评选"我最喜欢的水浒英雄"这一活动。

这一活动是以随笔的形式呈现的。但是通过翻阅学生的评选结果及理由，我发现学生多是在强调《水浒传》中英雄的"正面"形象。例如，林冲是八十万禁军教头，武艺高强；鲁智深疾恶如仇，粗中有细；武松景阳冈打虎，勇力过人……学生这样来判断英雄未尝不可。但是英雄之所以是英雄，恰恰在于英雄既具有突出的正面意义，又存在与普通人一样的弱点。如果英雄是绝对的正面形象，那么这样塑造的英雄必然是扁平的、虚假的，也是无法走入读者内心的。《水浒传》中的英雄之所以塑造得栩栩如生，就在于他们是英雄的同时，也是普通人，同样具有人性的弱点。

"作家如何塑造英雄"这节专题探讨课正是基于学生对英雄的片面认知而设计的，是真正"以学定教"的产物。

我以为，整本书阅读设计的"预设"固然重要，但是根据阅读活动开展过程中学生的"真实问题"而设计更加重要。叶澜教授曾说："课堂应是向未知方向挺进的旅程，随时都有可能发现意外的通道和美丽的图案，而不是一切都必须遵循固定线路而没有激情的行程。"整本书的阅读设计也是如此。与学生的"真实问题"相遇，"真实学习""深度学习"才可能发生。

我曾经在教学手记中这样评价这次与学生"真实问题"相遇的意义："从学生的反馈来看，《水浒传》整本书阅读始终贯穿着的核心问题，那就是：什么是英雄？如何塑造英雄？存不存在有缺陷的英雄、失败的英雄，以及带有时代局限的英雄？我们应该如何评价不同时代的英雄？是用一种普世的标准还是带着历史的同情来看待？……实际上，这些问题可以不断地深究下去。对英雄的理解将会带动学生建立一种文学观、历史观，乃至是世界观。"

初中名著整本书阅读设计要注重"读写结合"。

我始终认为，"读写结合"中蕴藏着语文学习的全部秘密。"读是写之始，写是读之成"，只有将"输入"与"输出"结合起来，才能真正提高学生的语文核心素养。偏废任何一方都会影响语文学习的整体效果。

《水浒传》整本书阅读设计中，我共设计了四次写作练习。

第一次是为水浒人物写小传。这个写作练习的主要目的是让学生熟悉人物及情节。学生完成这个练习需要运用书中的语言甚至细节，因此这又是一个"依托性"写作练习，不仅有利于学生了解书中内容，而且能够积累和丰富语言。

第二次是评选"我最喜欢的水浒英雄"并说明理由。这次写作练习已经不再要求用"小传"形式，而是要求学生用自己的语言来自由地对人物进行评价，形式灵活，考察学生对水浒英雄的个性化解读。

第三次是通过学习"作家如何塑造英雄"这节课，以"他/她"为题，尝试塑造一个人物，体现人物自身的复杂性。为什么要设计这样一个写作练习？因为对"作家如何塑造英雄"这一理论问题的理解，只有上升到"应用"的层面，才能将理解深化到底。

第四次是小论文"英雄 or 奴才"。这次写作练习是对《水浒传》整本书阅读的延伸。当代著名哲学家邓晓芒说："当我们对宋江的投降行径作义正词严的谴责时，不要忘了，这正是整个梁山泊起义的先天缺陷。并不是宋江一人'把一个好端端的革命大局葬送了'，而是这场'革命'本质上是一场要求'正正当当地'做一名奴才的运动。李逵们的正当归宿，在那样一个时代便只能是'奴才的奴才'，要争的也只是奴才的体面和奴才的荣誉，怎么也高贵不起来。"那么，《水浒传》中刻画的众多人物，到底是英雄还是奴才呢？显然，这个写作练习考察的是学生的思辨能力。

综上所述，初中名著整本书阅读设计要注重"读写结合"，但是"写作练习"并不是任意的，而是应该有不同的侧重点。不难发现，我设计的《水浒传》的四次写作任务分别考察学生梳理、评价、应用与思辨的能力，最终指向学生对整本书的核心概念"英雄"的理解。

（三）初中名著整本书阅读设计，当以"读"为先

苏霍姆林斯基说过："让学生变聪明的办法不是补课，不是增加作业，而是阅读、阅读、再阅读。"

作家余华也曾对经典阅读有过生动的描述："我对那些伟大作品的每一次阅读，都会被它们带走。我就像一个胆怯的孩子，小心翼翼地抓住它们的衣角，模仿着它们的步伐，在时间的长河里缓缓走去，那是温暖和百感交集的旅程，它们将我带走，然后又让我独自一人回去。当我回来之后，才知道它们已经永远和我在一起了。"

可见，对于初中名著整本书阅读来讲，设计倒还其次，更重要的是阅读的过程。如果教师只是忙着设计，没有让学生充分阅读，那所有的设计都不过是花拳绣腿，毫无价值。

（四）初中名著整本书阅读设计，当以"激发兴趣""传授方法"为主

郑桂华教授在《整本书阅读：应为和可为》一文中说道："课堂教学的主要功能在激发学生的阅读兴趣，培养他们对于书籍的敬畏之心，引导深度阅读以及指导阅读方法，而不在于读多少书。因而对语文教师来说，弄清哪些是自己能做的，哪些是可以施加影响的，然后再积极行动，把自己该做的那一部分做得更好，对促进整本书的阅读特别重要。"

在《水浒传》整本书阅读的设计过程中，我始终在思考，如何激发学生阅读兴趣？可以有怎样的方法渗透？"兴趣"与"方法"可以说是贯穿整个设计过程的。统编教材总主编温儒敏教授也指出："激发兴趣，传授方法，是'名著选读'设置的改革方向。"

可是，从整个设计来看，激发学生阅读兴趣这一方面做得仍然不够，有时还会出现"任务"压垮"兴趣"的现象。

（五）初中名著整本书阅读设计，尽量让学生在课上阅读

叶圣陶先生认为："成本的书分量多，不便于在教室里精细讨论，所以教学生根据精读的经验，自己去读。"

但目前为了应试，很多学生没有时间读。再者电子产品诱惑过多，

很多学生也不想读。针对这种情况,我建议初中名著最好是能做到课上阅读。教师可以每节课指定阅读内容,让学生限时读完,这样既保证学生读了,而且对阅读速度以及培养学生的注意力都有促进。

　　总而言之,初中名著绝不应该是只让学生读一读、考一考就完事的。而是要培养学生整本书阅读的兴趣,指导学生阅读的方法,让学生感受人文精神的魅力,建立并丰富学生的精神世界。而这一切,都是初中名著整本书阅读设计的初心和价值所在。